JN074241

—

日本商工会議所主催 簿記検定試験

検定
簿記講義
1級

2024年度版

岡本　清
廣本敏郎 ［編著］

工業簿記・原価計算 下巻

中央経済社

■検定簿記講義　編著者・執筆者一覧

巻編成		編者（太字は主編者）		執　筆　者			
1級	商業簿記・会計学 上巻	渡部　裕亘（中央大学名誉教授） 片山　　覚（早稲田大学名誉教授） **北村　敬子**（中央大学名誉教授）		北村　敬子	石川　鉄郎（中央大学名誉教授） 藤木　潤司（龍谷大学教授） 菅野　浩勢（早稲田大学准教授） 中村　英敏（中央大学准教授）		
	商業簿記・会計学 下巻	渡部　裕亘（中央大学名誉教授） 片山　　覚（早稲田大学名誉教授） **北村　敬子**（中央大学名誉教授）		北村　敬子	石川　鉄郎（中央大学名誉教授） 小宮山　賢（早稲田大学教授） 持永　勇一（早稲田大学教授） 藤木　潤司（龍谷大学教授） 中村　英敏（中央大学准教授） 小阪　敬志（日本大学准教授）		
	工業簿記・原価計算 上巻	**岡本　　清**（一橋大学名誉教授 東京国際大学名誉教授） 廣本　敏郎（一橋大学名誉教授）		廣本　敏郎	鳥居　宏史（明治学院大学名誉教授） 片岡　洋人（明治大学教授） 藤野　雅史（日本大学教授）		
	工業簿記・原価計算 下巻	**岡本　　清**（一橋大学名誉教授 東京国際大学名誉教授） 廣本　敏郎（一橋大学名誉教授）		廣本　敏郎	尾畑　　裕（明治学院大学教授） 伊藤　克容（成蹊大学教授） 荒井　　耕（一橋大学大学院教授） 渡邊　章好（東京経済大学教授）		
2級	商業簿記	**渡部　裕亘**（中央大学名誉教授） 片山　　覚（早稲田大学名誉教授） 北村　敬子（中央大学名誉教授）		渡部　裕亘	三浦　　敬（横浜市立大学教授） 増子　敦仁（東洋大学准教授） 石山　　宏（山梨県立大学教授） 渡辺　竜介（関東学院大学教授） 可児島達夫（滋賀大学准教授）		
	工業簿記	岡本　　清（一橋大学名誉教授 東京国際大学名誉教授） **廣本　敏郎**（一橋大学名誉教授）		廣本　敏郎	中村　　博（横浜国立大学教授） 籏本　智之（小樽商科大学教授） 挽　　文子（元一橋大学大学院教授） 諸藤　裕美（立教大学教授） 近藤　大輔（法政大学教授）		
3級	商業簿記	渡部　裕亘（中央大学名誉教授） **片山　　覚**（早稲田大学名誉教授） 北村　敬子（中央大学名誉教授）		片山　　覚	森田　佳宏（駒澤大学教授） 川村　義則（早稲田大学教授） 山内　　暁（早稲田大学教授） 福島　　隆（明星大学教授） 清水　秀輝（羽生実業高等学校教諭）		

ま え が き

　本書は，日本商工会議所と各地商工会議所が共催で実施している簿記検定試験のうち，１級工業簿記および１級原価計算のテキストとして書かれたものです。平成25年に，15年振りの全面改訂を行い，その後，継続的に毎年必要な改訂を行っております。全面改訂の目的は２つありました。１つは，近年における出題傾向も反映させながら内容を最新のものにし，同時に，難しい内容を理解しやすく伝えるべく，できる限り図解して説明することで，大きく刷新いたしました。

　もう１つは，工業簿記および原価計算の全体の体系をスムーズに理解できるよう，『検定簿記講義／１級工業簿記・原価計算』の上下２巻で執筆・刊行しました。

　これまで，『検定簿記講義／１級工業簿記』と『検定簿記講義／１級原価計算』を刊行する方針の下，工業簿記と原価計算の全体の体系がスムーズに理解できるように章節の編成を工夫してきましたが，その２冊にはどうしても重複が多くなる傾向があり，読者の皆さんからも改善を要望する声が届いていました。全面改訂を機に，工業簿記・原価計算については，試験科目ごとに執筆刊行するという従来の編集方針を変更して，おおむね出題区分表に従って上下２分冊で執筆した次第です。

　日本商工会議所の簿記検定試験は，簿記の普及向上を通じて，企業経営の健全化と経済社会の発展に寄与することを目的として施行されています。この簿記検定制度は，1954（昭和29）年に制度が発足して以来，広く社会に受け入れられ，これまでに2,800万人以上の方々が受験されました。１級はその中にあって最高の級であり，取得者は産業界はもとより大学でも大変高く評価されています。皆さん方にも，先輩方にならって本書でしっかり勉強し，栄えある１級取得者になっていただきたいと思います。

　本書の特徴は，次のようになります。

　⑴　各章は，冒頭に〔学習のポイント〕を明示しています。その章で何を

1

学習するのかを確認し，しっかりと心構えをしてから本文に進んでください。本文では，基本的に，個々の内容ごとにやさしく解説したうえで，〔例題〕→〔解答へのアプローチ〕→〔例題解答〕という構成を採用しています。本文の解説を読んで，各内容を理解したなら，例題を使って問題に対するアプローチの仕方を知り，例題解答で理解を深めてください。

(2)　各章で，「word解説」を行っています。これにより，本文から離れて，各用語または概念について理解を再確認することができます。なお，2級では「基本word」と「応用word」に分けましたが，1級では「応用word」のみとしました。

(3)　できる限り図解して，説明するように努めています。難しい内容は，図によって全体の関係をとらえ，全体の関係をイメージとして一度に理解するほうが効果的です。そうした観点から，各章でわかりやすい図を多く使って説明しています。

(4)　工業簿記と原価計算の領域における理論と実務は年々変貌を遂げており，絶えずその動向に注目していなければ，現実の諸問題を解決することができません。そこで，近年におけるこの領域の新たな展開や，最近における出題傾向をも取り入れ，旧版をすべて書き直しています。

　これらの特徴を活かして，本書の読者が一人でも多く1級の検定試験に合格され，社会の各方面で活躍されることを心から願っています。

　本書の作成にあたっては，工業簿記および原価計算の教育・研究に日頃真摯に従事されているベテランの大学教員および若手の大学教員に執筆をお願いしました。また，わかりやすい説明になっているかどうかを確認するため，一橋大学の学生の皆さんにもご協力いただきました。ここに記して感謝の意を表します。

2024年2月

編　著　者

第1章 直接原価計算

第2章 原価・営業量・利益関係の分析

第3章 原価予測の方法

第4章 利益・原価差異の分析

当社ホームページに本書に関する情報を掲載しておりますので，ご参照ください。

「簿記講義」で検索！

| 簿記講義 | 検索 |

第 1 章

直接原価計算

1 直接原価計算の意義

❶ 直接原価計算とは何か

直接原価計算は，原価と営業量と利益の関係（CVP関係）を正規の会計記録のなかで分析するための損益計算方式である。直接原価計算では，営業量の増減に伴う変化の有無に対応させて原価を**変動費**と**固定費**に分け，売上高からまず変動費を差し引いて**貢献利益**を算出し，ついで貢献利益から固定費を差し引いて営業利益を計算する。なお，貢献利益は，固定費を回収し，

1

さらに営業利益を獲得することに貢献する利益という意味である。

❷ 全部原価計算と直接原価計算の違い

　全部原価計算は，固定費を製品単位に配賦するため，販売量が生産量を下回る場合には，当期に発生した固定費の一部が，棚卸資産の原価のなかに含まれて次期に繰り延べられてしまう。そのため，販売量が不変あるいは減少しても，生産量を増加させることによって製品単位当たり固定費を低めることにより，当期の利益を増加させることができてしまう。それにより，売上高と利益が比例的な関係にならなくなり，経営者の感覚に合わない利益がでてくることになる。

　一方，直接原価計算では，売上高と比例関係にある変動費のみが製品に関係づけられ，売上高から変動費を引いた貢献利益がまず算出され，貢献利益から固定費が（製品に関係づけられることなく）一括して控除されるため，貢献利益は完全に売上高と比例し，また営業利益と売上高の変化の方向が逆になることもない。

　生産量と販売量の大小関係の各場合における，直接原価計算での営業利益と全部原価計算での営業利益との大小関係は，以下のとおりである。

生産量＞販売量の場合：
　　全部原価計算の営業利益＞直接原価計算の営業利益
生産量＜販売量の場合：
　　全部原価計算の営業利益＜直接原価計算の営業利益
生産量＝販売量の場合：
　　全部原価計算の営業利益＝直接原価計算の営業利益

---

❸ 直接原価計算の目的

　直接原価計算は，CVPの関係を内包しているため，直接原価計算方式の損益計算書から，**CVP分析**のための情報を容易に得ることができる。そのため，**短期利益計画**に適した計算制度である。

2 固定費の調整

外部報告のためには，全部原価計算によらなければならない。しかし企業内部の経営管理目的で直接原価計算を採用していても，会計年度末に一括して**固定費調整**を行えば，制度会計上も認められている。

直接原価計算で計算した月次営業利益の合計を全部原価計算による年間営業利益に修正するためには，以下の公式によることが必要である。

> **直接原価計算で計算した月次営業利益の合計**
> **＋期末棚卸資産に含めるべき固定製造原価**
> **－期首棚卸資産に含まれる固定製造原価**
> **＝全部原価計算による年間営業利益**

期首および期末の仕掛品がなく，標準原価計算制度をとっている場合には，とくに簡単で，以下の公式によれば固定費を調整することができる。

> **直接原価計算で計算した月次営業利益の合計＋（生産量－販売量）**
> **×単位当たり固定製造原価＝全部原価計算による年間営業利益**

3 直接標準原価計算

直接標準原価計算は，原価管理に適切な標準原価計算と，**利益管理**に適切な直接原価計算を合わせたものである。直接原価計算の本来の目的である短期利益計画の目的をよりよく果たすためにも，直接標準原価計算であることが望ましいといえる。

4 価格決定と直接原価計算

原価に一定の利益を上乗せして価格を決定する場合，直接原価計算にもとづいた製品原価を用いると，全部原価計算にもとづいたときと比べてより弾力的に**価格設定**できる。なぜなら，変動費を価格の下限として，貢献利益分

による固定費の回収を製品の収益性や競争力・戦略性を考慮して調整することが可能となるからである。ただし，変動費だけを回収すればよいとして安易に安い価格を設定すると，原価を回収し損ねる危険があるので注意が必要である。

　直接原価計算にもとづいた価格決定をする場合には，以下の公式を出発点とするとよい。ただし，目標売上高貢献利益率は，目標貢献利益を売上高で割ったものである。

> 目標価格＝製品単位当たり変動費÷（１－目標売上高貢献利益率）

★価格設定

理論上，大別すると次の２通りの価格設定方法がある。
① 　原価に一定の利益を上乗せして設定する方法
② 　市場価格を受け入れて設定する方法

　他社が提供できない独自性の高い製品であれば①による設定が可能であるが，競合他社も提供する標準製品の場合には，②の方法による価格設定となる。現実には両者の中間的状況の製品が多く，他社との競争等を考慮してどこまで低い価格設定が短期的には可能か等が検討される。

例題１－１

　K社の生産および販売データは以下のとおりである。

単位当たり製造変動費	1,000円
製造固定費総額	5,000,000円
正常生産量（個）	10,000個
販売費及び一般管理費	1,000,000円
販売単価	2,000円

販売費及び一般管理費はすべて固定費

	第１期	第２期	第３期	第４期
期首製品有高（個）	0	－	－	－
実際生産量（個）	10,000	9,000	8,000	11,000
実際販売量（個）	7,500	7,500	8,000	7,500

原価差異は操業度差異だけであるとする。また，期首および期末の仕掛品は存在しないものとする。

問1　上記の条件に従い，全部原価計算方式と直接原価計算方式で損益計算書を作成しなさい。ただし，全部原価計算では，操業度差異を売上原価に加える（あるいは減ずる）ものとする。損益計算書のフォームは，以下のものを参考にしなさい。

問2　全部原価計算と直接原価計算の営業利益の差を，この設例にもとづいて説明しなさい。

問3　全部原価計算方式において，売上高が増加・減少したとき，それに応じて営業利益が増加・減少しない理由を，問1で作成した損益計算書を用いて説明しなさい。

損益計算書（全部原価計算）

（単位：円）

	第1期	第2期	第3期	第4期
売上高				
差引：売上原価				
期首製品有高				
当期完成品製造原価				
計				
期末製品有高				
売上原価				
製造間接費配賦差異				
修正売上原価				
売上総利益				
差引：販売費及び一般管理費				
営業利益				

損益計算書（直接原価計算）

（単位：円）

	第1期	第2期	第3期	第4期
売上高				
差引：売上原価				
期首製品有高				
当期完成品変動製造原価				
計				
期末製品有高				
変動売上原価				
貢献利益				
差引：固定費				
製造固定費				
固定販売費及び一般管理費				
固定費計				
営業利益				

☺解答へのアプローチ

① 全部原価計算の損益計算書の作成に際しては，製造間接費配賦差額を把握する必要がある。この設例では，**操業度差異**だけが発生しているため，配賦差額は正常生産量と実際生産量の差に固定費率をかけて求めることができる。

② 全部原価計算と直接原価計算の営業利益の差の理由

全部原価計算では，製造固定費を製品に配賦するために，期末製品の原価のなかに製造固定費の一部が含まれている。その結果，全部原価計算では，製品在庫量が増加した場合（生産量＞販売量の場合），当期に発生した製造固定費の一部が在庫製品の原価として次期以降に繰り越されることになる。一方，直接原価計算の場合には，製造固定費が製品に配賦されないため，期末製品に製造固定費が含まれない。そのため，製品在庫量が増加しても，製造固定費が次期以降に繰り越されることはない。この違いにより，製品在庫

量が増加した場合には，全部原価計算の営業利益は，当期に増加した在庫製品（当期生産量−当期販売量）に含まれる製造固定費分だけ，直接原価計算の営業利益よりも過大に計算されている。

③ 製造固定費の一部が，期末製品の在庫額の一部として繰り越されるため，期末製品在庫量が増加すると，直接原価計算に比べて営業利益が過大に表示される。逆に，製品在庫量が減少すると，過去に貯められた製造固定費が取り崩されて当期の費用となるため，直接原価計算に比べて営業利益が過小に表示される。このことを具体的な数字で示せばよい。

[解答・解説]··

問1

損益計算書（全部原価計算）

（単位：円）

	第1期	第2期	第3期	第4期
売上高	15,000,000	15,000,000	16,000,000	15,000,000
差引：売上原価				
期首製品有高	0	3,750,000	6,000,000	6,000,000
当期完成品製造原価	15,000,000	13,500,000	12,000,000	16,500,000
計	15,000,000	17,250,000	18,000,000	22,500,000
期末製品有高	3,750,000	6,000,000	6,000,000	11,250,000
売上原価	11,250,000	11,250,000	12,000,000	11,250,000
製造間接費配賦差異	0	500,000	1,000,000	−500,000
修正売上原価	11,250,000	11,750,000	13,000,000	10,750,000
売上総利益	3,750,000	3,250,000	3,000,000	4,250,000
差引：販売費及び一般管理費	1,000,000	1,000,000	1,000,000	1,000,000
営業利益	2,750,000	2,250,000	2,000,000	3,250,000

7

損益計算書（直接原価計算）

（単位：円）

	第1期	第2期	第3期	第4期
売上高	15,000,000	15,000,000	16,000,000	15,000,000
差引：売上原価				
期首製品有高	0	2,500,000	4,000,000	4,000,000
当期完成品変動製造原価	10,000,000	9,000,000	8,000,000	11,000,000
計	10,000,000	11,500,000	12,000,000	15,000,000
期末製品有高	2,500,000	4,000,000	4,000,000	7,500,000
変動売上原価	7,500,000	7,500,000	8,000,000	7,500,000
貢献利益	7,500,000	7,500,000	8,000,000	7,500,000
差引：固定費				
製造固定費	5,000,000	5,000,000	5,000,000	5,000,000
固定販売費及び一般管理費	1,000,000	1,000,000	1,000,000	1,000,000
固定費計	6,000,000	6,000,000	6,000,000	6,000,000
営業利益	1,500,000	1,500,000	2,000,000	1,500,000

問2

　この例題の場合，原価差異はすべて売上原価で調整するので，原価差異部分については，全部原価計算と直接原価計算の違いは生じない。全部原価計算でも直接原価計算でも，当期の費用となるからである。そのため，この例題の場合には，全部原価計算と直接原価計算の営業利益の差は，製品の期末在庫の増加分（生産量＞販売量の場合）または減少分（生産量＜販売量の場合）に含まれる製造固定費予算部分のみである。したがって，（生産量－販売量）×固定費率で計算できる。

　　第1期　（10,000個－7,500個）×500円＝1,250,000円

　　第2期　（9,000個－7,500個）　×500円＝　750,000円

　　第3期　（8,000個－8,000個）　×500円＝　　　　0円

　　第4期　（11,000個－7,500個）×500円＝1,750,000円

　なお，期末製品在庫の各会計年度における増加分を図で示すと以下のようになっている。

第1期

| 実際生産量 10,000個 | 期末有高 2,500個 | 増加在庫 2,500個 |
| | 実際販売量 7,500個 | |

第2期

| 期首有高 2,500個 | 期末有高 4,000個 | 増加在庫 1,500個 |
| 実際生産量 9,000個 | 実際販売量 7,500個 | |

第3期

| 期首有高 4,000個 | 期末有高 4,000個 | 増加在庫 0個 |
| 実際生産量 8,000個 | 実際販売量 8,000個 | |

第4期

| 期首有高 4,000個 | 期末有高 7,500個 | 増加在庫 3,500個 |
| 実際生産量 11,000個 | 実際販売量 7,500個 | |

問3

　第1期においては，全部原価計算の営業利益は，直接原価計算の場合と比べて1,250,000円も過大に計算されている。利益が過大に計算された分の費用は，期末製品の棚卸高の中に貯えられている。第2期においても，新たに750,000円分の製造固定費が期末製品の棚卸高の中に貯えられ，その分，全部原価計算の営業利益は過大に計算されている。第1期と第2期を比べると，売上高はまったく同じであるため，営業利益も同じとなるはずである。ところが，第1期の営業利益は，あまりにも過大計算されすぎていた。第2期の営業利益も過

大計算されているが，第1期と比べると過大計算の度合いが低いために，第1期も第2期も売上高が同じであるにもかかわらず，第2期では営業利益が小さくなっている。

　次に，第2期と第3期を比べると，売上高が増加したため，営業利益は増えるはずである。ところが，第2期の営業利益は期末製品在庫量の増加により製造固定費が期末製品棚卸高に貯えられた分だけ過大計算されていた一方，第3期は生産量と販売量が一致し期末製品在庫量が増加しなかったために営業利益が過大計算されなかった。そのため，第3期には前期よりも売上高が増加したにもかかわらず，営業利益は小さくなっている。

　さらに第3期と第4期を比べると，売上高が減少したため営業利益は減ってもおかしくない。しかし第4期には期末製品在庫量が大きく増加したため，1,750,000円もの製造固定費が期末製品棚卸高に貯えられて営業利益が過大に計算されている。一方，前期は，営業利益の過大計算がなかった。そのため，第4期には前期よりも売上高が減少したにもかかわらず，前期の営業利益よりも大きくなっている。

練習問題 1-1

　A社では，標準原価計算制度を採用している。以下の資料のもとに，全部原価計算方式と直接原価計算方式の両方の損益計算書を作成しなさい。また直接原価計算方式については，固定費調整を行い，全部原価計算方式の実際営業利益と一致させなさい。なお，期首・期末の仕掛品はない。

[資　料]……………………………………………………………………………………

実際販売量	10,000個
正常生産量	8,000個
実際生産量	8,500個
製造固定費予算額	4,000,000円
原価標準	
原材料	1,000円
変動加工費	500円

固定加工費	500円
計	2,000円
販売価格	3,000円
標準販売変動費（1個当たり）	100円
標準変動製造原価差異（借方）	300,000円
固定加工費予算差異（借方）	8,500円
変動販売費予算差異（借方）	2,500円
実際固定販売費及び一般管理費	2,000,000円

損益計算書（全部原価計算）

（単位：円）

売上高	（　　　）
標準売上原価	（　　　）
標準売上総利益	（　　　）
標準製造原価差異	（　　　）
実際売上総利益	（　　　）
実際変動販売費	（　　　）
実際固定販売費及び一般管理費	（　　　）
実際販売費及び一般管理費合計	（　　　）
実際営業利益	（　　　）

損益計算書（直接原価計算）

(単位：円)

売上高	( )
標準変動売上原価	( )
標準変動販売費	( )
標準変動費合計	( )
標準貢献利益	( )
標準変動製造原価差異	( )
変動販売費予算差異	( )
標準変動原価差異合計	( )
実際貢献利益	( )
実際固定加工費	( )
実際固定販売費及び一般管理費	( )
固定費合計	( )
実際営業利益	( )
直接原価計算方式の実際営業利益	( )
固定費調整　　　　　　　　( )	( )
全部原価計算方式の実際営業利益	( )

固定費調整の（　）内には＋か－を記入すること。

⇒ 解答は128ページ

練習問題 1-2

　当社は，20X0年度より製品Kを製造・販売しており，過去3年間の生産・販売データは以下の資料のとおりであった。

　なお原価差異は操業度差異だけであり，全部原価計算では操業度差異を売上原価で調整する方法を採っている。また，期首および期末の仕掛品は存在しないものとする。

[資　料]……………………………………………………………………………

生産量および販売量の実績データ

	20X0年度	20X1年度	20X2年度
期首製品有高（個）	0	－	－
実際生産量（個）	9,000	8,000	9,000
実際販売量（個）	8,500	8,500	8,000

その他の生産・販売データ

単位当たり製造変動費	800円
製造固定費総額	3,000,000円
正常生産量（個）	10,000個
固定販売費及び一般管理費	500,000円
単位当たり販売変動費	200円
販売単価	1,500円

問1　この資料をもとに，全部原価計算方式と直接原価計算方式で損益計算書を作成しなさい。損益計算書のフォームは，解答欄記載のものを利用し，記入（解答）すること。

問2　全部原価計算と直接原価計算の営業利益に差が生じる理由を，①20X0年度の場合と②20X1年度の場合のそれぞれの場合にもとづいて説明しなさい。その際，解答欄記載の文章内の（　）を埋める形で解答せよ。

問3　いま，20X2年度の販売量は変わらなかったと仮定して，20X3年度に大きな販売の増加が見込まれることから，20X2年度は生産能力の上限まで生産することに変更した場合，20X2年度における全部原価計算の営業利益と直接原価計算の営業利益の差は，いくら増加あるいは減少するか計算せよ。

問 1

損益計算書（全部原価計算）

（単位：円）

	20X0年度	20X1年度	20X2年度
売上高			
差引：売上原価			
期首製品有高			
当期完成品製造原価	————	————	————
計			
期末製品有高	————	————	————
売上原価			
製造間接費配賦差異	————	————	————
修正売上原価	————	————	————
売上総利益			
差引：販売費及び一般管理費			
変動販売費			
固定販売費及び一般管理費	————	————	————
販売費及び一般管理費合計	————	————	————
営業利益	————	————	————

損益計算書（直接原価計算）

（単位：円）

	20X0年度	20X1年度	20X2年度
売上高			
売上原価			
期首製品有高			
当期完成品変動製造原価	————	————	————
計			
期末製品有高	————	————	————
変動売上原価	————	————	————
変動販売費	————	————	————
変動費合計	————	————	————
貢献利益			
差引：固定費			
製造固定費			
固定販売費及び一般管理費			
固定費合計	————	————	————
営業利益	————	————	————

問2

① 20X0年度においては，（　ア　）量よりも（　イ　）量の方が多いため，（　ウ　）が（　エ　）の中に（　オ　）円貯えられており，その分，（　カ　）原価計算の営業利益は，（　キ　）原価計算の場合と比べて（　ク　）に計算されている。

② 20X1年度においては，（　ケ　）量よりも（　コ　）量の方が多いため，（　サ　）に含まれる（　シ　）が（　ス　）円取り崩されており，その分，（　セ　）原価計算の営業利益は，（　ソ　）原価計算の場合と比べて（　タ　）に計算されている。

問3

　　全部原価計算と直接原価計算の営業利益の差は, （　ア　）円分, （　イ　）する。

➡ 解答は130ページ

原価・営業量・利益関係の分析

第 2 章

学習のポイント

1 　伝統的なCVP分析は，原価の変動費と固定費への分解などを前提として，売上高＝変動費＋固定費＋営業利益，という計算式にもとづき，原価と営業量と利益の関係を分析する。

2 　売上高が総原価と等しく，営業利益がゼロとなる売上高および販売量を損益分岐点といい，損益分岐点販売量は，固定費÷製品単位当たり貢献利益で，損益分岐点売上高は，固定費÷貢献利益率で計算される。

3 　CVP分析に関連する指標として，安全率，損益分岐点比率，経営レバレッジ係数がある。

　　　安全率＝（現在の営業量－損益分岐点の営業量）÷現在の営業量×100

　　　損益分岐点比率＝損益分岐点の営業量÷現在の営業量×100

　　　経営レバレッジ係数＝営業利益変化率÷営業量変化率

　　　　　　　　　　　　＝貢献利益÷営業利益

4 　製品種類が複数ある場合の伝統的なCVP分析では，通常，セールス・ミックスが一定であると仮定して分析を行う。その際の分析方法には，①セールス・ミックスの基本となる最小セットを1セットにして計算を行っていく方法，②売上品の構成割合を重みづけに用いて加重平均値を計算して解いていく方法，の2つがある。

1 CVP分析の意義

❶ CVP分析とは何か

　中長期経営計画を受けて**短期利益計画**が作成されるが，その際に詳細な計画作成の指針となる大綱的利益計画が設定される。大綱的利益計画の設定に際しては，予定した販売価格，販売量（営業量），原価のもとで，営業利益がどうなるかを分析しておくことが，有益である。このような原価・営業量・利益の間の関係分析をCVP分析という。こうしたCVP分析は，一般に，営業量の増減に伴う変化の有無にもとづく原価の**変動費**と**固定費**への分解を前提として行われる。CVP分析は，固定費が利益に及ぼす影響の大きさに注意を向けさせ，固定費を含めた原価の削減を計画させるために必要とされてきた。

　特に営業利益がゼロとなる売上高および販売量である**損益分岐点**は，利益計画を作成する際の指針として用いられ，また**安全率**や**損益分岐点比率**を計算する際に利用される。

　なお，CVP分析では，次のことが仮定されている点に留意する必要がある。

①　費用は変動費と固定費に分類できる。
②　売上高および原価総額は営業量の線形関数として表現できる。
③　生産量と販売量はほぼ等しい。

応用word

★短期利益計画
　短期利益計画は，長期利益計画の中での当該年度の売上高・費用・利益の目標数値を示したものである。製品ごとや部門ごとに，具体的な数値として計画される。当該年度のトップの大綱的な経営方針を下位部門に伝達する手段であり，予算編成方針を示すものである。

❷ 損益分岐点の計算と損益分岐図表

　ここで，以下のように記号をおく。

　　p：製品の販売単価　　　　　　　　　x：製品の販売量

S ：売上高（$p \times x$）　　　　V ：変動費（$v_1 \times x = v_2 \times S$）

v_1：製品単位当たり変動費（V/x）　v_2：変動費率（V/S）

F ：固定費　　　　　　　　　g ：営業利益

すると，売上高＝変動費＋固定費＋営業利益，という関係は，

$p \times x = v_1 \times x + F + g$

と表現される。この式を展開すると，

$(p - v_1)x = F + g$

$x = (F + g)/(p - v_1)$

　つまり，（固定費＋営業利益）／製品単位当たり貢献利益

となり，営業利益 g を獲得するために必要な販売量を求める公式が得られる。
また損益分岐点における販売量は，営業利益 g がゼロのときの販売量であ
るから，その公式は，

$x = F/(p - v_1)$

　つまり，固定費／製品単位当たり貢献利益

となる。

　さらに，損益分岐点では，売上高＝変動費＋固定費であるから，上記の記
号を用いると，

$S = v_2 \times S + F$

と表現される。この式を展開すると，

$(1 - v_2)S = F$

$S = F/(1 - v_2)$

　つまり，固定費／貢献利益率

となり，損益分岐点における売上高の公式が得られる。なお，**貢献利益率**と
は，売上高に対する貢献利益の比率である。

　原価，営業量，利益の関係を図に示し，損益分岐点を明示した図表を，
CVP図表という。この図表により，上記の公式で算出される損益分岐点の
販売量や売上高の位置づけ（意味合い）が，目に見えて理解できるようにな
る。CVP図表には，2通りの描き方があるが，図表2－2は，貢献利益に
よって固定費を回収しさらに利益を生み出すという経営者の一般的な考え方
を明確に示している。

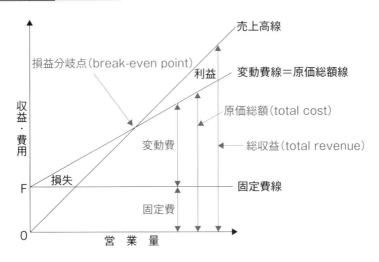

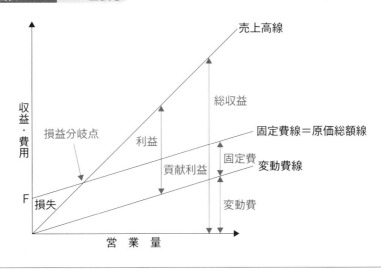

2 CVP分析に関連した指標

　経営管理者にとって，営業量がどの程度落ち込むと利益がゼロとなるのか
は，重大な関心事である。そこで，現在の営業量と損益分岐点の営業量との

差である**安全余裕度**が測定され，しばしば現在の営業量に対する比率（**安全率**）として測定される。また損益分岐点の営業量に対する現在の営業量の比率（**損益分岐点比率**）として測定することも多い。

> 安全率＝(現在の営業量－損益分岐点の営業量)÷現在の営業量×100
> 損益分岐点比率＝損益分岐点の営業量÷現在の営業量×100

上記の両式からわかるように，両指標は，

> 安全率＝100％－損益分岐点比率

という関係にある。

次に，売上高が少し変化すると利益が大きく変化する現象を，**経営レバレッジ**という。この現象は固定費の存在によって生じ，固定費割合が高い事業ほど経営レバレッジ現象は大きくなる。経営レバレッジの大きさは，経営レバレッジ係数によって測定される。いま**1**と同じ記号を用いてその算式を示すと，次のように表現される。

> 経営レバレッジ係数＝営業利益の変化率÷営業量の変化率
> $= \Delta x(p - v_1) / (x(p - v_1) - F) \div \Delta x / x$
> $= x(p - v_1) \div (x(p - v_1) - F)$
> ＝貢献利益÷営業利益

たとえば，経営レバレッジ係数が2の場合には，営業量が10％増加するとき，営業利益は20％増加することになる。

3 CVPの感度分析

実際の事業においては，当初の予測どおりになるとは限らないため，その不確実性に対処するために，**感度分析**が用いられる。CVPの感度分析とは，製品の販売価格，営業量，変動費，固定費，セールス・ミックス（売上品の構成割合）が変化した場合に，営業利益がどの程度の影響を受けるのかを分析することである。

O社では，次期の予算を作成するための準備作業として，次の予測資料にもとづいて，CVP分析を行うことにした。①損益分岐点売上高，②予測資料のもとでの安全率（小数点以下第2位で四捨五入），③予測資料のもとでの営業利益，④変動製造費を1％引き下げたときの営業利益，⑤販売価格を5％値下げし，販売量が10％増え，管理費総額を400,000円引き下げたとしたときの営業利益を計算しなさい。

[予測資料]···

  販売価格 5,000円

  販売量 15,000個

  製品1個当たり変動製造費 2,000円

  製品1個当たり変動販売費 500円

  固定製造費総額 14,300,000円

  固定販売費総額 3,600,000円

  管理費発生総額 2,100,000円 （全額が固定費である）

(◡‿◡) 解答へのアプローチ

 CVPの感度分析を行う際には，売上高＝変動費＋固定費＋営業利益（$p \times x = v_1 \times x + F + g$）という等式を意識したうえで，どの要素をどれだけ変化させるかを考えて計算する。

[解答・解説]···

① 損益分岐点売上高

 （14,300,000円＋3,600,000円＋2,100,000円）÷[｛5,000円－（2,000円＋500円）｝

 ÷5,000円]＝20,000,000円÷0.5＝40,000,000円

② 予測資料のもとでの安全率

 ｛（5,000円×15,000個－40,000,000円）÷（5,000円×15,000個）｝×100＝46.7％

③ 予測資料のもとでの営業利益

 ｛5,000円－（2,000円＋500円）｝×15,000個－20,000,000円＝17,500,000円

④ 変動製造費を 1 ％引き下げたときの営業利益

$\{5,000円 - (2,000円 \times 0.99 + 500円)\} \times 15,000個 - 20,000,000円 = 17,800,000円$

⑤ 販売価格を 5 ％値下げし，販売量が10％増え，管理費総額を400,000円引き下げたとしたときの営業利益

$\{5,000円 \times 0.95 - (2,000円 + 500円)\} \times 15,000個 \times 1.1 - (20,000,000円$
$- 400,000円) = 17,525,000円$

練習問題 2-1

　当社では，次の予測資料にもとづいて，CVP分析を行うことにした。①損益分岐点販売量，②予測資料のもとでの営業利益，③28,000,000円の営業利益をあげるために必要な販売量，④損益分岐点比率（小数点以下第 2 位で四捨五入），⑤経営レバレッジ係数，⑥売上高が 5 ％増加するときの⑤で求めた経営レバレッジ係数を用いての営業利益予測額（計算過程も明示せよ），⑦販売価格を10％値上げしたときの損益分岐点販売量，⑧変動製造費を 5 ％引き下げかつ固定製造費も1,840,000円引き下げたとしたときの損益分岐点販売量を計算しなさい。

[予測資料]‥‥‥‥‥‥‥‥‥‥‥‥‥‥‥‥‥‥‥‥‥‥‥‥‥‥‥‥‥‥‥‥‥‥‥‥

　　販売価格　10,000円

　　販売量　　15,000個

　　製品 1 個当たり変動製造費　4,800円

　　製品 1 個当たり変動販売費　1,200円

　　固定製造費総額　30,000,000円

　　固定販売費総額　7,100,000円

　　管理費発生総額　2,900,000円　（全額が固定費である）

➡ 解答は133ページ

4 多品種製品のCVP分析

　製品種類が複数ある場合の伝統的なCVP分析は，基本的には製品種類が1種類の場合と同じである。損益計算に関係する諸要素を製品種類ごとに変化させて，営業利益に対する影響を調べる。

　通常，伝統的な枠組みの中での製品種類が複数ある場合のCVP分析では，**セールス・ミックス**が一定であると仮定して分析を行う。この場合の分析の仕方には，大きく分けて以下の2つの方法がある。

　① セールス・ミックスの基本となる最小セットを1セットにして計算を行っていく方法

　② セールス・ミックスにおける売上品の構成割合を重みづけに利用して，加重平均値を計算して解いていく方法

　具体的な分析方法は，次の例題2-2により説明する。

例題2-2

　H社では，製品A，B，Cを生産・販売している。製品A，B，Cに関する資料は下記のとおりである。

　製品A，B，Cのセールス・ミックスの構成割合は3：4：3で安定していると仮定した場合の，(イ)損益分岐点売上高，(ロ)920,000円の営業利益があがるときの製品Bの販売量を求めよ。

[資　料]……………………………………………………………………………

	A	B	C
販売単価	980円	1,210円	740円
1個当たり変動費	560円	660円	360円

　製品A,B,Cの共通固定費：5,520,000円

😊 解答へのアプローチ

① セールス・ミックスの基本最小セットを用いる方法

　この方法では，まず，セールス・ミックスの基本最小セット（製品A：3個，製品B：4個，製品C：3個の組み合わせ）の売上高と貢献利益を計算する。次

24

に，これらの基本最小セットを1単位としたときの損益分岐点でのセット量を求める。その上で，損益分岐点でのセット量から損益分岐点売上高などを算出する。

② 製品構成比を重みとした加重平均値を用いる方法

この方法では，まず，セールス・ミックスの構成割合を重みに使って，販売単価や貢献利益などの損益分岐点を計算するために必要な数値の加重平均値を計算する。ついで，これらの加重平均値を用いて，単一製品の場合と同じ計算式によって，セールス・ミックス全体としての損益分岐点売上高を計算する。

［解答・解説］‥‥‥‥‥‥‥‥‥‥‥‥‥‥‥‥‥‥‥‥‥‥‥‥‥‥‥‥‥

① セールス・ミックスの基本最小セットを用いる方法

基本最小セットの売上高：980円×3個＋1,210円×4個＋740円×3個

$$=10,000円$$

基本最小セットの貢献利益：(980円－560円)×3個＋(1,210円－660円)×

$$4個＋(740円－360円)×3個＝4,600円$$

損益分岐点のセット量：5,520,000円÷4,600円＝1,200セット

(イ) 損益分岐点売上高

基本最小セット売上高10,000円×1,200セット＝12,000,000円

(ロ) 920,000円の営業利益があがるときの製品Bの販売量

(5,520,000円＋920,000円)÷4,600円＝1,400セット

1,400セット×4個＝5,600個

② 製品構成比を重みとした加重平均値を用いる方法

加重平均販売単価：(980円×3＋1,210円×4＋740円×3)÷(3＋4＋3)

$$=1,000円$$

加重平均貢献利益：{(980円－560円)×3＋(1,210円－660円)×4＋(740円－

$$360円)×3}÷(3＋4＋3)＝460円$$

売上高貢献利益率：460円÷1,000円＝0.46

(イ) 損益分岐点売上高

5,520,000円÷0.46＝12,000,000円

(ロ) 920,000円の営業利益があがるときの製品Bの販売量

(5,520,000円＋920,000円)÷460円＝14,000個

14,000個×4÷(3＋4＋3)＝5,600個

　K社では，製品A，B，Cを生産・販売している。製品A，B，Cに関する資料は下記のとおりである。

[資　料]‥‥‥‥‥‥‥‥‥‥‥‥‥‥‥‥‥‥‥‥‥‥‥‥‥‥‥‥‥‥‥‥‥‥‥

　製品A，B，Cのセールス・ミックスの構成割合は3：4：3で安定していると仮定した場合の，①損益分岐点売上高，②963,200円の営業利益があがるときの製品Aの販売量，を求めよ。またセールス・ミックスの構成割合を自由に選択できると仮定した場合には，各製品の最大販売可能数予測値や機械加工時間を考慮すると，③製品A，B，Cをそれぞれ何個ずつ販売したときに最も営業利益をあげることができるか。またそのときの④営業利益はいくらになるか。

	A	B	C
販売単価	1,000円	1,500円	820円
1個当たり変動費	783円	900円	500円
1個当たり機械加工時間	2時間	3時間	4時間
最大販売可能数予測値	4,000個	5,000個	4,500個

製品共通固定費　3,850,000円　機械運転時間上限　40,000時間

⇒ 解答は134ページ

第 **3** 章

原価予測の方法

学習のポイント

1　原価予測の方法には，IE法と過去の実績データにもとづく予測法がある。

2　過去の実績データにもとづく予測法には，費目別精査法，高低点法，スキャッター・チャート法，回帰分析法がある。

3　高低点法は，最高の業務量のときと最低の業務量のときの実績データから，変動費率の推定を行う方法である。

4　スキャッター・チャート法は，目分量で散布図上の実績データに一番合いそうな原価直線を引き，固定費額と変動費率を求める方法である。

5　回帰分析法は，すべての実績データを活用して，客観的に原価直線を推定する。正規方程式を解くことにより，変動費率と固定費の推定を行う。

1 原価予測方法の基本分類

　生産量や販売量の変動にともなって原価がどう変化するかを予測することは，企業経営にとって重要である。原価予測の方法は，基本的には(1)**IE法**（インダストリアル・エンジニアリング法：技術的予測法）と，(2)過去の実績データにもとづく予測法に大別される。(2)は以下のように，さらにいくつかの方法に分類される。

① **費目別精査法**

② **高低点法**（数学的分解法）

27

③　スキャッター・チャート法

④　回帰分析法（最小自乗法）

　IE法によれば原価がいくら発生すべきかを示す規範値が得られるのに対して，過去の実績データにもとづく予測法によれば実績データの平均値が得られる。とりわけ投入量と産出量との因果関係が直接に跡付けられる直接材料費や直接労務費の予定には，IE法は効果的である。

　また，過去の実績データにもとづく予測法を適用する場合は，データに偏り・歪み・異常値がないか，データの同質性が保たれているか，適切な説明変数を選択しているかなどに注意することが大切である。

2 過去の実績データにもとづく予測法

❶ 費目別精査法

　費目別精査法は，勘定科目または費目をみて，過去の経験にもとづき純粋に変動費あるいは固定費と考えられる費目を分別する方法である。

　この方法は，はっきりと変動費および固定費に分類できる費目をふるいにかけ，他の方法により原価分解を要しない費目と要する費目とを区別する第一段階の方法として使用するのが適当である。この場合，はっきりと分類できない費目については，他の方法により分解することになる。

❷ 高低点法（数学的分解法）

　高低点法は，過去の実績データのうち，最高の業務量のときのその費目の実績データと最低の業務量のときのその費目の実績データの2組のデータから，原価の推移を直線とみなしたうえで，直線の勾配（**変動費率**）と，その直線と縦軸との交点（切片）を計算する方法である。

　この方法は，非常に簡単という長所を持つが，豊富にあるデータセットのうち，たった2セットしか使わない方法であり，利用可能なデータを利用しきれていないもったいない方法である。

❸ スキャッター・チャート法

　スキャッター・チャート法は，原価の実績データを**散布図**に記入し，目分量で散布図上の点に一番合いそうな**原価直線**を引き，Y軸の切片の値と直線の傾きの値を読み取り，それらの値をそれぞれ固定費額，変動費率とする方法である。

　この方法は，高低点法と異なりすべての実績データを利用して決定する長所を持っているが，目分量で決定するために客観性に欠ける短所を持っている。

❹ 回帰分析法（最小自乗法）

　回帰分析法は，実績データを利用して原価予測する方法のうち，理論的にはもっとも客観的な方法である。この方法では，散布図上の各実績データ点から原価直線へ下した垂線の距離の2乗和が最小となる直線（$y = ax + b$）のパラメータ a（変動費率）および b（固定費）の値を探し出すことにより，原価直線を推定する。

　回帰分析法を用いると，パラメータの推定値が得られるだけでなく，そのパラメータ（したがって，その原価直線）の妥当性の程度（決定係数）を知ることができる。

応用 word

★決定係数

　実績データのバラツキのうち，どの程度が得られた回帰原価直線によって説明できるか，を示す係数である。決定係数は0〜1の間の値をとり，実績データのバラツキが回帰原価直線により完全に説明できるときには1となり，1に近いほど回帰原価直線の説明力があり，妥当性が高いことを意味する。

　回帰分析法には，**説明変数**の数が1つである**単純回帰分析法**と，説明変数の数が2つ以上ある多重回帰分析法とがある。単純回帰分析法の場合，$y_i = ax_i + b + e_i$ のパラメータ a および b は，次の正規方程式を解くことにより求められる。

$$\begin{cases} nb + (\Sigma x_i)a = \Sigma y_i \\ (\Sigma x_i)b + (\Sigma x_i^2)a = \Sigma x_i y_i \end{cases}$$

例題3－1

　K社で過去1年間の製品生産量と補助材料費発生額を調査したところ，次のような実績データが得られた。

[実績データ]・・・

月	製品生産量 （単位：個）	補助材料費 （単位：円）
1月	90	32,000
2月	75	26,340
3月	80	25,800
4月	100	31,500
5月	120	36,050
6月	110	34,500
7月	95	32,000
8月	87	29,460
9月	105	35,500
10月	124	39,000
11月	105	34,000
12月	130	43,005

　この実績データにもとづいて，①高低点法，②回帰分析法により，補助材料費の変動費率と固定費額を計算しなさい。

😊 **解答へのアプローチ**

　このような実績データ資料が整備されている場合，まず，製品生産量を横軸，補助材料費を縦軸とした散布図を作成し，線形の相関関係がありそうかどうか，また大きな外れ値がないかどうかをチェックする。強い相関がありそうであれば，回帰分析などの手順に進む。

[解答・解説]..
　本例のスキャッター・チャート（散布図）は，次のようになる。

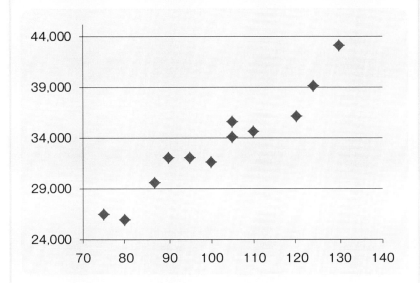

　上の図では，製品生産量の増加に伴って，各月の実績データ点がほぼ右上が
りに増加しており，極端な外れ値も見られない。製品生産量と補助材料費との
間には，強い正の相関関係がありそうであることが，視覚的に確認できる。

① 高低点法

　最高の製品生産量130個のときの補助材料費は43,005円で，最低の製品生産
量75個のときの補助材料費は26,340円であるため，$y = ax + b$ の係数 a の推定値
は，

　（43,005円 − 26,340円）÷（130個 − 75個）= 303円／個

　また，$a = 303$ であるから，y 軸の切片 b の推定値は，たとえば，製品生産量
130個のときのデータを使って，

　43,005円 − 303円 × 130個 = 3,615円

と計算できる。したがって，変動費率303円，固定費額3,615円と推定され，

　$y = 303$円 × x 個 + 3,615円

という原価直線の一般式が得られる。

② 回帰分析法

本例の実績データにもとづき、パラメータ a および b の値を計算してみよう。

まず、a および b を推定するための方程式で利用する値を計算するために、次の表を作成する。

n	x_i	y_i	x_i^2	x_iy_i
1 月	90	32,000	8,100	2,880,000
2 月	75	26,340	5,625	1,975,500
3 月	80	25,800	6,400	2,064,000
4 月	100	31,500	10,000	3,150,000
5 月	120	36,050	14,400	4,326,000
6 月	110	34,500	12,100	3,795,000
7 月	95	32,000	9,025	3,040,000
8 月	87	29,460	7,569	2,563,020
9 月	105	35,500	11,025	3,727,500
10 月	124	39,000	15,376	4,836,000
11 月	105	34,000	11,025	3,570,000
12 月	130	43,005	16,900	5,590,650
合計（Σ）	1,221	399,155	127,545	41,517,670

上の表で計算した値を方程式に代入して、a および b の値を求める。

$$\begin{cases} 12b + 1{,}221a = 399{,}155 \\ 1{,}221b + 127{,}545a = 41{,}517{,}670 \end{cases}$$

これを a および b について解くと、$a ≒ 273.15$ 円、$b ≒ 5,469.90$ 円となる（ただし小数点以下第 3 位を四捨五入）。したがって、変動費率273.15円、固定費額5,469.90円と推定され、

$$y = 273.15 円 × x 個 + 5,469.90 円$$

という回帰原価直線が得られる。

なお①の高低点法による原価直線（変動費率303円、固定費額3,615円）と②の回帰分析法による原価直線（変動費率273.15円、固定費額5,469.90円）とは、多少異なる点を確認されたい。

参考までに、高低点法による原価直線（点線）と回帰分析法による原価直線（実線）を散布図上に示すと以下の図のようになる。

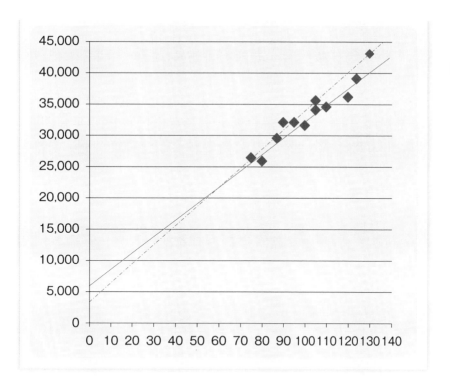

　A 社の工場における半年間の直接作業時間（X）と補助材料費（Y）の実績データは，次のようになっている。補助材料費の原価関数は $Y = aX + b$ で表せるものとして，①高低点法および②回帰分析法により，(イ)変動費率(a)と(ロ)固定費額(b)を推定し，(ハ)直接作業時間が100時間のときの補助材料費発生予測額を示しなさい。なお，必要なときは，小数点以下第3位を四捨五入して解答しなさい。

[実績データ]‥‥‥‥‥‥‥‥‥‥‥‥‥‥‥‥‥‥‥‥‥‥‥‥‥‥‥‥‥‥‥‥‥

月	直接作業時間 X （単位：時間）	補助材料費 Y （単位：円）
1 月	95	32,000
2 月	75	26,350
3 月	90	30,000
4 月	105	33,000
5 月	125	36,150
6 月	110	34,500

⇒ 解答は136ページ

第 **4** 章

利益・原価差異の分析

学習のポイント

1 予算と実績の損益計算書を比較して差異を計算し，その差異の分析を行う。

2 予算と実績の売上高，売上総利益，または貢献利益の差異分析を細かく行う。

3 標準原価計算にもとづく予算を立てている場合の製造部門の差異は標準原価差異である。

4 販売量差異は，市場占拠率差異と市場総需要量差異に分解できる。

1 予算実績比較損益計算書

予算は，利益計画のために作成するが，予算を立てっぱなしでは意味がない。事後的に予算と実績とを比較して，差異を示し，差異が出た場合には，その原因を分析することが必要である。

予算損益計算書と実際損益計算書を比較して，項目ごとに差異を計算したものを**予算実績比較損益計算書**という。各差異はさらに詳細に原因別に差異分析をすることができる場合がある。

2 販売部門の差異分析

販売部門の業績は，売上高と販売費によって判断されるが，売上高のすべてが販売部門の業績でないため，売上高のかわりに売上高から売上原価を差し引いた売上総利益に注目することがある。

場合によっては，**直接原価計算方式**によって**貢献利益**の差異を計算して，売上高の差異分析にかえて貢献利益の差異を分析する場合もある。その場合，**貢献利益差異**は，**販売数量差異**，**販売価格差異**，**変動費変動予算差異**に分解される。

3 製造部門の差異分析

　製造部門の差異分析は，標準原価にもとづいた予算であるならば，標準原価差異である。標準原価差異は，さらに原価要素別に分析される。

4 市場占拠率差異と市場総需要量差異

　売上高の予算と実績の差異，あるいは前期実績と当期実績の差異は，**販売価格差異**と**販売量差異**に分解され，販売量差異は，**市場占拠率差異**と**市場総需要量差異**に分解することができる。

> 第2年度の売上高−第1年度の売上高
> $$= P_2 \cdot Q_2 - P_1 \cdot Q_1$$
> $$= P_2 \cdot Q_2 - P_1 \cdot Q_2 + P_1 \cdot Q_2 - P_1 \cdot Q_1$$
> $$= (P_2 - P_1) \cdot Q_2 + (Q_2 - Q_1) \cdot P_1$$
> $$= 販売価格差異 + 販売量差異$$

販売量差異

$$= (Q_2 - Q_1) \cdot P_1$$

$$= \left(Q_2 - \frac{Q_2}{r_2} \cdot r_1 + \frac{Q_2}{r_2} \cdot r_1 - Q_1 \right) \cdot P_1$$

$$= \left\{ \left(\frac{Q_2}{r_2} \cdot r_2 - \frac{Q_2}{r_2} \cdot r_1 \right) + \left(\frac{Q_2}{r_2} \cdot r_1 - \frac{Q_1}{r_1} \cdot r_1 \right) \right\} \cdot P_1$$

$$= \left\{ \frac{Q_2}{r_2} (r_2 - r_1) \cdot P_1 + \left(\frac{Q_2}{r_2} - \frac{Q_1}{r_1} \right) \cdot r_1 \cdot P_1 \right\}$$

= 市場占拠率差異 + 市場総需要量差異

P_1：第1年度の平均販売単価

P_2：第2年度の平均販売単価

Q_1：第1年度の販売量

Q_2：第2年度の販売量

r_1：第1年度の市場占拠率

r_2：第2年度の市場占拠率

　もちろん，ここで，第1年度を予算，第2年度を実績と置き換えて分析することができる。

　以上，単一製品・単一価格を仮定してきたが，複数の製品があったり，複数の販売ルートがあって販売ルートごとに価格が異なったりするような場合には，販売量差異は，セールス・ミックス差異と総販売量差異に分解することができる。その場合，総販売量差異が，さらに市場占拠率差異と市場総需要量差異に分解されることとなる。

　また，経営資本営業利益率の差を以下のように分解することができる。

経営資本営業利益率差異

$$= \frac{g_2}{K_2} - \frac{g_1}{K_1}$$

$$= \left(\frac{g_2}{S_2} \cdot \frac{S_2}{K_2} - \frac{g_1}{S_1} \cdot \frac{S_1}{K_1} \right)$$

$$= \left(\frac{g_2}{S_2} \cdot \frac{S_2}{K_2} - \frac{g_1}{S_1} \cdot \frac{S_2}{K_2} + \frac{g_1}{S_1} \cdot \frac{S_2}{K_2} - \frac{g_1}{S_1} \cdot \frac{S_1}{K_1} \right)$$

$$= \left(\frac{g_2}{S_2} - \frac{g_1}{S_1} \right) \cdot \frac{S_2}{K_2} + \frac{g_1}{S_1} \cdot \left(\frac{S_2}{K_2} - \frac{S_1}{K_1} \right)$$

$$= 売上高営業利益率差異 + 経営資本回転率差異$$

g_1：第1年度の営業利益

g_2：第2年度の営業利益

K_1：第1年度の経営資本

K_2：第2年度の経営資本

S_1：第1年度の売上高

S_2：第2年度の売上高

例題4－1

　当社の売上についての資料は以下のとおりである。以下の問いに答えなさい。

[資　料]･･･

	予算	実績
平均販売単価	5,000円	4,800円
年間販売量	15,000個	16,000個
売上高	75,000,000円	76,800,000円
市場占拠率	20.00%	25.00%

問1　予算と実績の売上高差異を売上高価格差異と販売量差異に分解し，販売
　　量差異をさらに市場占拠率差異と市場総需要量差異に分解しなさい。

問2　分析結果を解釈しなさい。

😊解答へのアプローチ

営業所の業績を測定するときには，売上高についての分析も重要である。以下の公式を使う。

販売量差異の分解

第2年度の売上高−第1年度の売上高

$$= (P_2 - P_1) \cdot Q_2 + (Q_2 - Q_1) \cdot P_1$$

$$= 販売価格差異 + 販売量差異$$

販売量差異

$$= \left\{ \frac{Q_2}{r_2}(r_2 - r_1) \cdot P_1 + \left(\frac{Q_2}{r_2} - \frac{Q_1}{r_1} \right) \cdot r_1 \cdot P_1 \right\}$$

$$= 市場占拠率差異 + 市場総需要量差異$$

［解答・解説］……………………………………………………………………………

問1

(1) 売上高差異の分析

売上高差異 = 76,800,000円 − 75,000,000円 = 1,800,000円

製品販売量差異 = (16,000個 − 15,000個) × 5,000円 = 5,000,000円

製品販売価格差異 = (4,800円 − 5,000円) × 16,000個 = −3,200,000円

(2) 製品販売量差異の分析

市場占拠率差異 = (25% − 20%) × (16,000個/25%) × 5,000円 = 16,000,000円

市場総需要量差異 = (16,000個/25% − 15,000個/20%) × 20% × 5,000円

$$= -11,000,000円$$

問2

売上高差異の分解により，販売単価を予算より200円下げて売ったため，予算より1,000個余分に販売することができ，その結果売上高を1,800,000円多く販売した。

製品販売量差異の分析により，販売努力により市場占拠率を目標の20%より5ポイント伸ばし，25%としたため，予算より16,000,000円だけ売上高が増加するはずであったが，市場総需要量の落ち込みは，11,000,000円の売上高減少効果をもたらし，その結果，販売量差異が5,000,000円にとどまった。

当社は，1種類の製品Aを製造・販売しており，2つの販売ルートをもっている。1つは卸ルートであり，もう1つは直販ルートである。直接原価計算方式で予算管理をしている。

20X1年度4月の予算および実績は，次のとおりであった。

1．予算損益計算書および実際損益計算書

（単位：円）

	予算	実際	差異
売上高	40,000,000	40,050,000	50,000
変動費	15,500,000	16,800,000	1,300,000
貢献利益	24,500,000	23,250,000	△1,250,000
固定費	15,000,000	15,500,000	500,000
営業利益	9,500,000	7,750,000	△1,750,000

2．諸データ

	予算			実績		
	卸	直販	計	卸	直販	計
生産・販売数量	10,000個	2,500個	12,500個	9,000個	3,000個	12,000個
マーケットシェア	－	－	20%	－	－	25%
販売単価	3,000円	4,000円	－	3,100円	4,050円	－
単位当たり変動費	1,000円	2,200円	－	1,100円	2,300円	－

問1 1,250,000円の貢献利益差異（不利差異）を，販売数量差異，販売価格差異，変動費変動予算差異に分解しなさい。有利差異か不利差異かもかくこと。

問2 販売数量差異をセールス・ミックス差異と総販売数量差異に分解しなさい。有利差異か不利差異かもかくこと。

問3 総販売数量差異を市場総需要量差異と市場占拠率差異に分解しなさい。有利差異か不利差異かもかくこと。

問4 分析結果を解釈しなさい。

⇒ 解答は138ページ

第 **5** 章
営業費の計算と分析

学習のポイント

1 　営業費は販売費と一般管理費に分けられる。

2 　販売費は，注文獲得費と注文履行費，販売事務費に分けられる。

3 　注文獲得費の水準は，経営者の裁量で決まり，注文履行費は標準化
　された作業から予算を決めることができる。

4 　販売費分析は，製品品種別，販売地域別，顧客種類別，注文規模別，
　販売経路別といったセグメント別に行うことができる。

1　営業費計算の意義

　営業費は，販売費及び一般管理費のことで，これらは公開財務諸表を作成
するためには，製品単位に割り当てる必要がないので，とくに原価計算上問
題はない。しかしながら，現代の企業経営は，顧客・市場の動きを把握する
ことがとくに求められている。売上高や販売費を，製品品種別，販売地域別，
顧客種類別，販売ルート別などに分析することによって，収益性の改善に役
立てなければならない。

2　営業費の分類

　営業費は，機能別に分類すると，まず**販売費**と**一般管理費**とに分けられる。
販売費は，**注文獲得費**と**注文履行費**，**販売事務費**に分けることができる。注
文獲得費は，**広告宣伝費**，**販売促進費**，**直接販売費**，**販売調査費**といった，
注文を獲得するためのコストであるのに対し，注文履行費は，**倉庫費**，**運送**

41

費，掛売集金費といった注文を履行するのに要するコストである。

　注文獲得費と注文履行費とでは管理の方法が異なっている。注文獲得費の場合，コストと効果の関係が明確ではないため，その水準は，経営者の裁量で決められる。その管理は，割当予算を設定し，予算と実績の比較で行う。注文獲得費の水準と売上との間の因果関係が明確でないため，予算をいくらにするのかはきわめて難しい判断をせまられる。不況になったときに，注文獲得費を削減しても，売上に大きな影響を与えないかもしれないが，不況のときこそ販売費を増額して，売上の減少をくいとめるべきという考え方が有効な場合もある。

　注文履行費については，具体的にどのような活動が必要かを事前に予定することができ，作業を標準化できる。注文履行費は，受注量から必然的に，必要な活動水準が決まってくるため，標準原価や変動予算による管理が可能である。

図表5-1 販売費の分類

$$
\text{販売費} \left\{ \begin{array}{l} \text{注文獲得費………売上との因果関係が乏しい} \\ \text{注文履行費………売上との因果関係がある} \\ \text{販売事務費} \end{array} \right.
$$

---

3 販売費の分析

　販売費分析では，製品品種別，販売地域別，顧客種類別，注文規模別，販売経路別といったセグメント別に，販売費を分析する。販売費分析は，販売費とその効果をみるため，セグメント別の損益計算という形をとる。その場合の損益計算は，全部原価計算方式にもとづく**純益法**と，直接原価計算方式にもとづく**貢献利益法**がある。

次の文章内の（　）のなかに適切な言葉を語群から選んで入れなさい。

　地域別の営業所の責任者に対する業績評価のために販売地域別の分析を行おうとしている。一般的に，責任センターの業績評価には，全部原価計算思考にもとづく（　①　）ではなく，直接原価計算思考にもとづく（　②　）が用いられる。

　しかし，営業所長の業績を示すためには，あえて直接原価計算方式ではなく，売上高から売上原価として売上品の（　③　）を差し引く場合もある。（　④　）を差し引くと，営業所長は自分の業績を過大評価するかもしれないからである。また，製造能率は営業所長の業績に関係しないので（　⑤　）売上原価が適している。

　営業所の費用には，管理可能なものと管理不能なものがある。（　⑤　）売上総利益から営業所長にとって（　⑥　）な販売費を差し引くと，（　⑦　）にとっての貢献利益が計算される。（　⑦　）にとっての貢献利益から営業所長にとって（　⑧　）な販売費を差し引くと，（　⑨　）の貢献利益が計算される。

ア　実際　　イ　標準　　ウ　営業所　　エ　営業所長
オ　全部製造原価　　カ　変動製造原価　　キ　管理可能
ク　管理不能　　ケ　貢献利益法　　コ　純益法

⇒ 解答は142ページ

第 **6** 章

差額原価収益分析
―業務的意思決定の分析―

学習のポイント

　本章では，業務的意思決定に役立つ原価と収益の概念，差額原価収益分析について学ぶ。

1　代替案のなかから最適な案を選択することを意思決定という。

2　意思決定には短期の意思決定である業務的意思決定と長期の意思決定である構造的意思決定がある。

3　業務的意思決定において使う原価概念，収益概念は，差額原価，差額収益である。

4　差額原価でない意思決定に関連しない原価を埋没原価という。

5　差額原価と差額収益を比較して差額利益を計算する手法を差額原価収益分析という。

6　ベースとなる代替案を基準にした差額利益を代替案ごとに計算して，各代替案の差額利益を比較することもある。

7　意思決定では，機会原価も使われる。

1 意思決定とは何か

　意思決定とは，**代替案**のなかから，最適な代替案を選択することをいう。意思決定は以下のプロセスをふむ。まず意思決定の問題を認識し，代替案を調査し，各代替案を評価し，数量化できない要因を評価したうえで，最終的な代替案の選択を行う。

　意思決定問題が異なれば，代替案も異なり，代替案の評価方法も異なるこ

とに注意が必要である。

2 意思決定の種類

意思決定には，**業務的意思決定**と**構造的意思決定**がある。

業務的意思決定は，短期の意思決定であり，1年以内に意思決定にかかわる収入と支出が生じるような意思決定である。それに対して，構造的意思決定は，設備投資のような長期的な意思決定であり，収入と支出が1年を超えて生じるような意思決定である。

3 業務的意思決定に役立つ原価概念と収益概念

業務的意思決定において使う原価概念は，**差額原価**，**機会原価**がある。業務的意思決定で用いる収益概念には，**差額収益**がある。

意思決定においては，過去の**支出原価**にとらわれてはいけない。過去の支出は，意思決定によって変えることのできないものである。意思決定において関連する原価は，意思決定によって変化させることができる原価である。

意思決定において考慮すべき**関連原価**は，意思決定によって変化する将来の原価である。差額原価とは，もともとは，2つの代替案間の関連原価の差額を意味するが，代替案間の共通部分を1つの代替案として独立させてそれを基準とする差額という意味にとらえ，関連原価と同じ意味で差額原価といわれることも多い。厳密に2つの代替案の差としてのみ差額原価という用語を使うと3つ以上の代替案のときに差額原価という言葉を使うことができなくなってしまうからである。

意思決定の際に適切な原価はなにかを知るのみならず，意思決定の際に適切でない原価はなにかを知ることも重要である。意思決定の際に，関連しない原価を**埋没原価**（sunk costs）という。埋没原価は歴史的には，回収できない原価や過去原価の意味で使われてきたが，今日では，差額原価でない原価を埋没原価という。すなわち，将来の原価であっても代替案間で相違のない原価を埋没原価とよんでいる。その意味で，埋没原価は差額原価の反対語

である。

差額原価，埋没原価，差額収益，差額利益の概念をまとめると以下のようになる。

> 差額原価：代替案によって発生額の異なる将来の原価
> 埋没原価：代替案によって発生額がかわらない原価あるいは過去の原価
> 差額収益：代替案によって発生額が異なる将来の収益
> 差額利益：代替案によって発生額が異なる将来の利益

これらの概念は，以下の図表6－1で示すことができる。

図表6－1　意思決定

```
          差額収益
      － ) 差額原価 ←――――――――――→ 埋没原価
          差額利益
```

応用word

★埋没原価の意味の歴史的変遷

歴史的に，埋没原価（sunk costs）の意味は変遷してきた。

埋没原価とは，もともとは鉱山にて採掘用の設備に関することばであった。鉱山の採掘が終了すると，まだ設備としては採掘機能をもっていたとしても採掘すべきものがなく，その採掘設備を分解して別の場所に移設することも経済的に引き合わなければ，採掘設備は，その場に放置される。その設備のコストを埋没原価とよんだ。

次の段階では，埋没原価とは，過去原価一般を意味した。そして埋没原価の意味はさらに拡張され，今日では，「意思決定によって発生額が変わらない原価」をも意味するようになった。

例題6−1

　ある材料は，複数の製品で使われており，常備材料となっている。この材料は，いままで1個当たり800円で調達できていたが，4月1日からは，1個当たり900円支払って調達する必要がある。直接工は固定給で雇用されており，労務費はすべて固定費である。製造間接費もすべて固定費であるとする。生産能力は十分にある。

　4月5日に，この材料を利用する製品を1個当たり880円で200個売ってほしいという臨時の注文の引き合いがきた。

問1　3月末にまったく材料を保有していなかったとして，この注文を引き受けると，引き受けない場合に比べて，どれだけ有利か，あるいは不利か。

問2　この材料は，3月31日現在で，1,000個保有している。そのすべては1個800円で仕入れたものである。この前提のもとで，この注文を引き受けると，引き受けない場合に比べて，どれだけ有利か，あるいは不利か。

😊**解答へのアプローチ**

問1　この注文を受けるためには，1個当たり880円で200個で176,000円の差額収益があり，その注文を履行するために材料を1個900円で調達する必要があり，180,000円の差額原価が生じる。したがって，176,000円−180,000円＝−4,000円となり，4,000円の差額損失がでる。ということは注文を引き受けたほうが4,000円不利となる。

問2　この材料の現在の在庫1,000個は，1個当たり800円で仕入れたものであるが，この材料在庫を消費して製品を作る差額原価は，1個当たり800円ではなく，1個当たり900円である。1個当たり800円というのは過去の支出原価であり，埋没原価となる。この材料を消費する意思決定の際に考慮すべきは，消費時点での再調達原価1個当たり900円である。したがって製品を1個当たり880円でしか買ってもらえないのであれば，1個当たり20円の差額損失が生じる。

　1,000個の在庫があるので，200個ならば在庫を使うことによってこの注文を満たすことができる。在庫の1,000個は，すでに購入済みであり，支

出も行われているので，追加の支出をせずに使用することができる。しかし，この材料は他の製品にも利用可能な常備材料である。いくら材料の在庫があっても，いずれはなくなってしまうので，いつかは調達をする必要がある。すなわち1個当たり900円で調達しなければならないので，この材料を4月1日以降に利用する場合には，1個当たり900円の差額原価がかかる。

この材料の再調達は，実際にはすぐに行われるとは限らず，実際に調達されるときの価格は900円であるとは限らない。将来，調達価格が下がると予想しているならば，少し補充を遅らせることもあろう。しかし，材料をいつ調達すべきか，という意思決定は，この材料を特定目的に消費する意思決定とは切り離して考えるべき問題である。同じように，現在の在庫水準が多すぎると判断するときは，材料を消費しても補充しないこともありうる。だからといって，その材料を消費するコストが0であるといことにはならない。注文を引き受けたときの収益性は，消費時点での**再調達原価**を基準にきちんと評価し，在庫水準の削減は，有利な注文を引き受けるさいに不補充にすべきである。

なお，材料の調達が不可能になり，調達が制限されるとき，あるいは，いままでその材料を使っていた製品が廃止になるなどして，その材料の有効な利用が不可能になったときなどには，再調達原価ではなく，後述する機会原価により評価される。

［解　答］……………………………………………………………………………………

　問1　4,000円不利である。

　問2　4,000円不利である。

4 差額原価収益分析

　差額原価収益分析とは，代替案の差額原価と差額収益を比較して差額利益を計算し，差額利益が最大のものを選択する意思決定の手法である。

　生産能力に余裕がある場合と生産能力に余裕がない場合とで考慮すべき点

が異なる。

例題6-2

　当工場は，一般市場向け製品を販売している。当工場の生産能力は1カ月に10,000個である。現在，毎月9,000個の需要がある。1個当たりの販売価格はみな同じで，1個1,000円である。直接材料は，製品1個当たりいずれも400円である。直接工はすべて月給制で雇用されており，直接労務費は固定費である。製造間接費はすべて固定費である。月間の直接労務費予算は3,000,000円であり，月間の製造間接費予算は2,000,000円である。

　今，1個600円で臨時の注文があった。この臨時の注文1個を製造するのにかかる時間は，通常の製品1個を作るのと同じである。この臨時の注文1個を製造するのに必要な直接材料もやはり製品1個当たり400円である。この臨時の注文を引き受けるべきか否かを検討している。なお，この臨時の注文は，通常の販売に影響を与えないものとする。なお，注文を一部だけ履行することはできず，すべての数量を引き受けなければ，注文を引き受けることはできないものとする。

(1) 臨時の注文が800個であったとして，この注文を引き受けた場合と引き受けない場合とでは，どちらがどれだけ有利か。

(2) 臨時の注文が2,500個であったとして，この注文を引き受けた場合と引き受けない場合とでは，どちらがどれだけ有利か。

☺ 解答へのアプローチ

　遊休生産能力がある場合とない場合とでは，考え方が異なる。遊休生産能力の範囲内での生産で足りる場合には，追加的な注文によって生じる差額収益と追加的原価だけを比較すればよい。

　しかし，遊休時間だけで臨時の注文を処理できない場合には，既存の市場向けの生産を臨時の注文に振り向ける必要がある。そうすると，追加的な注文によって生じる収益の増加だけでなく，犠牲にされる既存市場向け製品の収益の減少を考慮しなければならない。収益側にも変化が生じる。差額原価と差額収益ともに変化する。

(1) 引き受ける場合と引き受けない場合とを比較する。

　引き受けない場合を基準にして引き受ける場合の差額収益・差額利益は以下のとおり。

差額収益	600円×800個	480,000円
差額原価	400円×800個	320,000
差額利益		160,000円

したがって，引き受けたほうが160,000円有利。

(2) 2,500個のうち1,000個分は遊休能力を使って生産できるが，1,500個は市場向けの既存製品の生産をやめてこの注文のための生産をする必要がある。

　差額原価収益分析においては，ベースとなる代替案を基準にした差額利益を代替案ごとに計算して，各代替案の差額利益を比較することもある。注文を引き受けない場合と引き受ける場合の共通部分，すなわち市場向けの既存製品を7,500個生産するという案をベースとなる代替案とする。このベースとなる代替案を基準として，臨時の注文を引き受ける場合と引き受けない場合とを比較する。

臨時の注文を引き受ける場合

差額収益	600円×2,500個	1,500,000円
差額原価	400円×2,500個	1,000,000
差額利益		500,000円

臨時の注文を引き受けない場合

差額収益	1,000円×1,500個	1,500,000円
差額原価	400円×1,500個	600,000
差額利益		900,000円

したがって，引き受けないほうが400,000円有利。

　なお，この問題は後で説明する機会原価の考え方を使って解くこともできる。

[解　答]···

(1) 臨時の注文が800個であった場合

　引き受けた場合のほうが160,000円有利。

(2) 臨時の注文が2,500個であった場合

　引き受けない場合のほうが400,000円有利。

意思決定の問題において重要なのは，意思決定の結果何が変わるのかを的確につかむことである。そして意思決定の結果変化した事象が，どのような財務的な影響を及ぼすのかを明らかにすることである。代替案とその財務的帰結は，いくつかの**因果連鎖**によってつながっている。

たとえば，例題6-2の臨時の注文の受け入れ可否の意思決定を例にとってみよう。臨時の注文を受け入れるということは，その注文を履行するために生産を行う必要がある。そこで現在の生産能力をチェックすることになる。

(1)の場合は，生産能力内で注文の履行が可能であるので，既存の市場向け生産への影響はない。そのことをふまえて，注文を引き受けた場合に何が起こるかを推測する。800個の注文をこなすために，材料をどれだけ調達する必要があるか。それにより材料費が変化する。それ以外に変化するものはないか。能力は使うが，それによってコストが増加することはないことを確認する。

次に(2)の場合は，臨時の注文を履行するために，既存の市場向け製品の生産を一部やめる必要がある。市場向けの製品の生産はコストがかかるが，収益ももたらす。既存の市場向け製品の生産を一部やめることが利益にどのような影響をもたらすのか。それを検討する必要がある。

条件が複雑になっても考える手順は同じである。以下の因果連鎖をたどって，利益への影響を確かめるのである。

5 機会原価

機会原価（opportunity costs）とは，複数の代替案があるときに，ある代替案をとることにより，採択することができなくなる代替案のなかで最大の利益をもたらす代替案の利益である。

機会原価は，調達にかかるコストではなく，支出が生じる原価でもない。資源の代替的利用から得られる将来の利益である。

機会原価の本態は利益であるが，なぜ原価というのであろうか。機会原価が使われるのは，最低2つの代替案があり，1つの代替案の評価の際に，その代替案を採用すると実現不可能となるある代替案の差額利益を，組み込ん

で，その代替案により実現不可能となる代替案に対する有利性を示そうとする場合である。ある代替案の差額利益から，当該代替案の採用により実現不可能になる代替案の差額利益を機会原価として差し引いて，それでも正の利益がでれば，当該代替案の有利性が明らかになる。一般的には，原価は収益から差し引かれるものである。他の代替案の差額利益を，当該代替案の差額収益から差し引かれる要素の１つとして考えるところから，原価という言葉が使われるのである。

以下の図表６－２のようなイメージで考えるとよい。

図表６－２　機会原価の概念

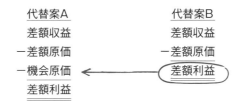

```
   代替案A                 代替案B
   差額収益                 差額収益
  －差額原価               －差額原価
  －機会原価  ←           差額利益
   差額利益
```

例題６－３

例題６－２の(2)を機会原価の考え方を使って解答しなさい。

☺ 解答へのアプローチ

臨時の注文が2,500個であった場合の，臨時注文による追加的収益の増加と追加的費用の比較に加えて，1,500個分の市場向け製品の利益の犠牲を機会原価として認識する。

臨時の注文を引き受けない場合を基準に，引き受けた場合の差額利益を計算する。

差額収益	600円×2,500個	1,500,000円
差額原価	400円×2,500個	1,000,000
機会原価	（1,000円－400円）×1,500個	900,000
差額利益		△400,000円

52

[解　答]……………………………………………………………………

引き受けない場合のほうが400,000円有利。

業務的意思決定において，資源の消費をいかなる価格で評価すべきか，という大原則を以下の図表6－3にまとめておきたい。

図表6－3 在庫資源消費の評価の原則

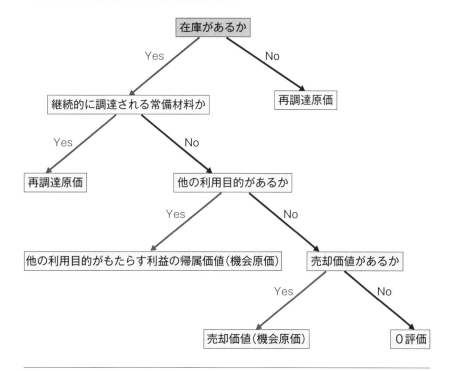

★ボトルネックと機会原価

ボトルネックは隘路ともいい，一定期間の売上の上限を決定する要因をいう。たとえばある製品を販売しようとするとき，生産能力の制約のために1カ月に一定量の売上しかあげられないとき，その生産能力の制約となっているのは，ある1台の設備の能力である場合がある。そのときその設備はボトルネックである。練習問題6-1に登場する汎用設備はボトルネックである。ボトルネックにおいては，そのボトルネックをいかに有効に活用するかが要諦となる。ボトルネックの能力が限られているので，ボトルネックには，ボトルネックを利用できなかった代替案がもたらす利益を機会原価としてかかっている。ボトルネックの能力を増加させるには，以下のような対策をとることができる。

① ボトルネックをできるだけ遊ばせないようにする。

② ボトルネック設備を通過した仕掛品が不良品になることを防ぐために，ボトルネック設備を通すまえに仕掛品の検査を行う。

③ ボトルネック設備を通過させなくてもよいものがあれば，できるだけ通過させないようにする。

④ 設備をとめて内段取りをしているならば，設備をとめないで行える外段取りを多くする。

⑤ 現在需要のある製品ではなく，製造してもしばらく在庫になってしまうようなものを製造していないかチェックする。

　在庫があるからといって，その在庫が常に機会原価で評価されるわけでないことに注意すべきである。材料が常備材料であり，継続的に調達される場合にはその材料は再調達原価で評価される。すなわち在庫がなかったならば，その価格で購入しなければならない価格である。

　実際に材料をすぐに補充するとは限らないし，在庫水準が高いので在庫を縮小しようとしている場合もある。だからといって，今問題になっている材料の消費を実際に調達されるときの価格を予想したり，機会原価で評価する必要はない。材料を消費する意思決定と材料をいつ調達するかという意思決定とは独立した意思決定であり，在庫水準をどこにするかという意思決定とも独立した意思決定である。

　当社のA工場では，製品Xを一般市場向けに見込生産している。当該工場では製品Xを月間10,000個製造することが可能である。製品Xを1個製造するのに，材料xが1個必要である。材料xを20,000個保有している。この20,000個の材料は，すべて1個1,000円で購入したものである。現在この材料を購入しようとすれば，1個1,200円で購入することができる。

　製品Xは，1個当たり2,200円で販売している。現在は生産能力いっぱいの10,000個を製造し，すべて販売している。月初・月末の製品在庫および仕掛品在庫はない。現在，直接労務費として毎月400万円，製造間接費として毎月500万円が発生している。

　最近，製品Xを改良した製品Yの開発に成功した。製品Yは，来月から製造・販売を開始することが決定している。製品Yは，製品Xよりも耐久性能にすぐれており，販売価格を3,000円に設定しても月間25,000個までは販売できると推測される。ただ製品Yのためには，材料xを利用できず，材料yが必要となる。製品Yを1個製造するのに材料yが1個必要である。材料yは，1個当たり2,000円で購入することができる。製品Xも製品Yも同じ汎用設備1台にて製造が可能である。なお，当分の間，新しい設備を購入する予定はない。

　汎用設備での製造時間は，製品Yのほうが製品Xより短く，製品Yは製品Xの半分の時間で製造することができる。そのため，製品Xの月間生産上限が10,000個であるのに対して，製品Yの生産上限は20,000個である。

　製品Yの需要上限は，月間25,000個であるが，製品Yが販売されたあとも，製品Xが製造されていれば，Xを1個当たり2,000円ならば月間5,000個まで販売可能であると予想されるが，製品Xと製品Yの需要の合計は25,000個を超えないと予想される。

　材料xは他の製品のために転用することはできないが，1個当たり500円で売却することが可能である。

　時間当たり貢献利益を比較すれば，製品Yのほうが圧倒的に有利なので，原則として製品Y販売開始後は製品Xを生産しないことを決定している。しかし，材料xを20,000個保有しているので，その材料xが残っているうちは製

品Yと並行して製品Xを販売することができないかどうかについて検討している。

　上の条件のもとで以下の問1〜問3に答えなさい。なお，税引前の金額で解答すること。

問1

⑴　製品Yの製造・販売を開始した後に，製品Xを1個製造した場合には，製品Yの製造を何個分犠牲にすることになるか。

⑵　製品Yの製造を1個犠牲にするといくらの利益を失うか。

⑶　製品Xを1個製造すると，購入済みの材料xを売却した場合に得られるであろう収益をいくら犠牲にするか。

⑷　製品Yの製造・販売を開始した後に，購入済みの材料xを使って製品Xを1個製造することの機会原価はいくらか。

問2

　製品Yの製造・販売を開始した後に，購入済みの材料xを使って，製品Xを1,000個製造・販売することは，製品Yのみを製造・販売することと比べていくら有利か，あるいは不利か。

問3

　月間300万円を支払って汎用設備にとりつける特殊なアタッチメント（付属品）をレンタルすることにより，製品Xおよび製品Yの製造時間を20％短縮できることがわかった。最適な製造・販売を行うとし，アタッチメントをレンタルしない場合と比べて，このアタッチメントをレンタルするほうが，1カ月当たりいくら有利か，あるいは不利か。

➡ 解答は142ページ

第 **7** 章

差額原価収益分析
―構造的意思決定の分析―

学習のポイント

1 構造的意思決定では，通常，会計上の利益ではなくキャッシュ・フローによって投資案を評価する。

2 一般的に，貨幣の時間価値を考慮し，将来キャッシュ・フローを現在価値に割り引く必要がある。

3 割引計算を行う投資案の評価方法にはNPV（正味現在価値）法とIRR（内部利益率）法がある。なお，両者の判断が異なる場合，NPV法による投資案の評価を優先させる。

1 構造的意思決定の特徴

　企業の資産構成に大きな変更を及ぼす意思決定を**構造的意思決定**とよぶ。その内容は多岐にわたるが，本章では建物や機械といった有形固定資産の取得および取替に関する設備投資の意思決定について解説する。

　前章にて学習した業務的意思決定と同様，構造的意思決定においても代替案間での差額概念が重要である。しかし，以下の図表7－1に示すように，業務的意思決定と構造的意思決定の相違点には注意する必要がある。

図表7－1 業務的意思決定と構造的意思決定の相違点

	業務的意思決定	構造的意思決定
期　　　　間	1会計期間内の短期	複数年に及ぶ長期
利　　　　得	収益，原価，または，利益	キャッシュ・フロー
貨幣の時間価値	考慮しない	通常，考慮する

固定資産は複数年にわたり使用するため，設備投資の効果は長期化する。そして，構造的意思決定では，原則として，将来の複数年にわたる利得の合計が最大になる投資案を選択する。また，将来の利得を合計するために，毎年の利得を求めなければならないが，これを会計上の利益ではなく**キャッシュ・フロー**とする。この点については**2**にて解説する。

　毎年のキャッシュ・フローを合計する際，通常，それらの金額を単純に足すことはない。構造的意思決定では，現金は時間の経過と共に価値が減少すると考えるからである。このことを，**貨幣の時間価値**を考慮するという。たとえば，同じ1万円でも，今すぐに獲得できる1万円と1年後まで待たなければいけない1万円では，1年後の1万円のほうが価値は低いとみなすわけである。そのため，将来キャッシュ・フローを現在価値に換算しなければならないが，これを割引計算とよぶ。この点については**4**にて解説する。

2 キャッシュ・フローの計算

❶ はじめに

　構造的意思決定では，投資案をキャッシュ・フローによって評価する。キャッシュ・フローとは，収入（キャッシュ・イン・フロー）と支出（キャッシュ・アウト・フロー）の差額で純収入をさす。

　設備投資では，投資実施時点にて固定資産の取得原価という投資費用が発生する。なお，通常，投資費用は投資実施時点にて全額が支出されるとみなす。投資費用は投資実施後の売上増加やコスト削減からもたらされる現金によって回収される。そして，投資実施時点にて支出となる投資費用，および投資後に回収される現金の総額を比較して投資案の採算を明らかにする。

　投資後に回収される現金はそのまま放置されるわけではなく，他の事業に再投資される。そして，再投資された事業からさらに現金を回収する。このように現金を循環させることで企業は成長していくため，再投資の原資が，いつ，どれだけ回収できるのかを把握しなければならない。そのため，構造的意思決定では，毎年，どれだけの現金を獲得しているのかという点が重要になり，投資案をキャッシュ・フローによって評価するわけである。

ただし，キャッシュ・フローを計算するためには，会計上の利益も計算しなければならない。税金も支出であり，税金は会計上の利益に税率を乗じて算出されるからである。収入と支出を直接的に把握してキャッシュ・フローを計算することも可能だが，以下，会計上の利益を求め，そこから税金を差し引いたうえでキャッシュ・フローを求める方法について解説する。

❷ タックス・シールド

　ここでは簡便的に収益と収入は等しいと仮定する。つまり，掛や手形による売上がなく，売上をはじめとする収益はすべて収入を伴うと想定する。この場合，キャッシュ・フローは(1)式のように求められる。

> キャッシュ・フロー＝（1－税率）（収益－費用）
> 　　　　　　　　　　＋現金支出を伴わない費用
　　　　　　　　　　　　　　　　　　　　　　　　　　　　　　(1)

　"収益－費用"は会計上の利益であるから，右辺第1項は税引後利益となる。右辺第2項の"現金支出を伴わない費用"とは，右辺第1項の費用に含まれつつも支出を伴わない費用で，減価償却費がその代表である。減価償却費は会計上の費用だが，その分の金額が社外に流出しているわけではない。したがって，キャッシュ・フローを計算するために，費用のうち減価償却費のような現金支出を伴わない費用を足し戻すわけである。なお，(1)式は(2)式のように書き換えられる。

> キャッシュ・フロー＝（1－税率）（収益－現金支出費用）
> 　　　　　　　　　　＋税率×現金支出を伴わない費用
　　　　　　　　　　　　　　　　　　　　　　　　　　　　　　(2)

　右辺第1項は現金の社外流出を伴う現金支出費用だけにする。その結果，右辺第2項が"税率×現金支出を伴わない費用"となる。この右辺第2項を**タックス・シールド**とよぶ。現金支出を伴わない費用の分の現金は企業に蓄積される。一方，現金支出を伴わない費用を計上することで利益が減少すれば，その分，納税額は節約される。タックス・シールドとは，この節税額に相当する。なお，キャッシュ・フローの求め方は(1)式と(2)式のいずれでも構わないが，以下，本章では，(2)式の求め方に統一して解説する。

企業が納める税金は，国税である法人税のほかに，地方税の法人事業税と法人住民税がある。そして，これらすべての税金を考慮して算出された税率を（法定）**実効税率**とよぶ。なお，単純にこれら税金の税率を足し合わせた表面税率とは異なる。そして，(1)式と(2)式の税率は実効税率を指している。

応用 word

★**キャッシュ・フロー**
　収入（キャッシュ・イン・フロー）と支出（キャッシュ・アウト・フロー）の差額である純収入。
★**タックス・シールド**
　減価償却費などの現金支出を伴わない費用を計上することによる節税額。

例題7－1

　当社は20X1年度の期首に新しい工作機械の取得を検討している。この機械の取得原価は4,500千円であり，耐用年数を3年，残存価額を0円とする定額法によって減価償却を行う。なお，耐用年数経過時に，この機械は処分される。
　この機械から生産される製品の売上は，20X1年が3,000千円，20X2年が7,000千円，20X3年が5,000千円と見込まれ，すべて現金売上である。また，減価償却費以外の費用合計は，20X1年が1,000千円，20X2年が2,500千円，20X3年が機械の処分費用を含めて1,500千円と見込まれ，減価償却費以外の費用は，すべて現金支出費用である。機械の取得原価は取得時に全額が支出となり，それ以外のキャッシュ・フローは年度末にまとめて生じる。
　実効税率を40％とし，各年度末に生じるキャッシュ・フローを求めなさい。なお，税金は当該年度末に納められるとみなす。

😊解答へのアプローチ

　減価償却費に税率を乗じてタックス・シールドを求める。その他の費用と売上は現金を伴うため，これらには（1－税率）を乗じる。
[解　答]……………………………………………………………………………………
　20X1年度末：1,800千円　20X2年度末：3,300千円　20X3年度末：2,700千円

❸ 投資実施時点および投資終了時点のキャッシュ・フロー

　さきほどは，投資後に獲得するキャッシュ・フローの求め方について解説した。しかし，それだけでは十分ではなく，固定資産を取得する投資実施時点のキャッシュ・フロー，および，取得した固定資産を処分する投資終了時点のキャッシュ・フローも考慮しなければならない。

　新たに建物や機械といった固定資産を取得するだけの**新規投資**の場合，投資実施時点では固定資産の取得原価という支出のみが生じる。一方，耐用年数を経過していない稼働中の機械を処分して新しい機械を取得するような**取替投資**の場合，新しい固定資産の取得原価以外にさまざまな収入や支出が生じる。まず，処分される古い固定資産が売却可能な場合，その金額は収入となる。また，処分費用が発生する場合，その金額が支出となる。そして，このほかに古い固定資産の売却損益や除去損を考慮しなければならない。

　固定資産売却損や固定資産除去損は会計上の費用である。しかし，実際には，これら費用に相当する現金が社外に流出しているわけではない。つまり，固定資産売却損や固定資産除去損は減価償却費と同じように現金支出を伴わない費用となり，タックス・シールドを構成する。一方，固定資産売却益は会計上の収益として認識される。しかし，その分は課税対象となり，固定資産売却益に税率を掛けた金額が税金として社外に流出するとみなすことができるため，その分を支出としなければならない。

　このように取替投資の場合，投資実施時点では新しい固定資産の取得原価のみならず，古い固定資産の処分に関連する上記の収入や支出が生じる。なお，取替投資の問題では，古い固定資産の処分に関連する収入と支出は投資実施時点で生じると考えるが，この点は例題7－15にて解説する。

　投資終了時点では，固定資産が処分されることから処分費用が生じる。そして，使用後に解体，除去する法的義務があれば処分費用を資産除去債務として負債計上し，それを無リスクの税引前の割引率で現在価値に割り引く必要がある（企業会計基準第18号『資産除去債務に関する会計基準』第6項(2)）。しかし，簡略化のために，以下，割引率を加重平均資本コスト率のみとし，資産除去債務は考慮しないことにする。なお，現在価値への割引計算や加重平均資本コスト率については，次節で解説する。

　例題7-1の工作機械が取得から20X2年度末に(1)1,000千円で売却できる場合，および，(2)2,000千円で売却できる場合，20X2年度末のキャッシュ・フローはいくらになるか。なお，他の条件は例題7-1と同じである。

☺解答へのアプローチ

　タックス・シールドは，(1)の場合は固定資産売却損（1,000千円－1,500千円）が生じるため0.4×(1,500千円＋500千円)＝800千円となり，(2)の場合は固定資産売却益（2,000千円－1,500千円）が生じるため0.4×(1,500千円－500千円)＝400千円となる。なお，いずれの場合も売却額はそのまま収入とする。

[解　答]……………………………………………………………………………

(1)　4,500千円　　　(2)　5,100千円

　平成19年度の税制改正により，2007（平成19）年4月1日以後に取得した固定資産に関しては残存価額が廃止された。そのため，以下，古い固定資産も2007年4月1日以後に取得したとみなし，減価償却費を求める際は，例題7-1のように残存価額を0円としている。なお，残存価額を0円にするということは，耐用年数経過時まで使用した場合，その固定資産は無価値であり，売却できないと想定していることを意味する。そして，売却できないと想定している以上，耐用年数経過時まで使用した固定資産を処分する際に固定資産の売却損益が発生するとは考えられない。したがって，固定資産の売却損益や除去損が発生するのは，例題7-2のように，耐用年数が経過する前に固定資産を処分する場合のみとなる。

③ 割引率の設定

❶ 資本コスト

　キャッシュ・フローを求めたら，それらを足して投資案の利得を求めるが，キャッシュ・フローの生じる時点が異なるため，通常，それらの金額を単純

に足し合わせることはできない。そこで，キャッシュ・フローの割引計算が必要となるが，その前に**割引率**を設定しなければいけない。そして，構造的意思決定では，割引計算に必要な割引率を**加重平均資本コスト率**とよぶ。

　資本コストとは，資金調達によって発生するコストである。資金調達の方法としては，まずは金融機関などからの借入れや社債の発行が考えられる。そして，借入金や社債は負債となることから，このような資金調達を負債による資金調達とよぶ。負債による資金調達を行った場合，債権者に利息を支払わなければならない。これが負債の資本コストである。なお，資本コスト率を設定する際，買掛金のような無利子の負債を含めず，負債の範囲を借入金や社債といった**有利子負債**に限定する。そのため，厳密には，有利子負債の資本コストとなるが，以下，省略して負債の資本コストとする。

　次に，株式を発行して資金を調達する方法が考えられる。株式を発行して会社に払い込まれた現金は株主資本（自己資本）となることから，このような資金調達を株主資本（自己資本）による資金調達とよぶ。株式を発行して資金を調達した場合，無条件にではないが，株主に配当が支払われる。これが，株主資本の資本コストの一部となる。

　損益計算書では，支払利息や社債利息といった負債の資本コストは営業外費用に含められ，その後，ボトムラインの当期純利益へ行きつく。しかし，この段階でも株主への配当は控除されていない。なぜなら，配当は会計上の費用ではなく，利益の分配だからである。そのため，当期純利益から配当，つまり，株主資本の資本コストを控除しなければいけない。そして，利息や配当といったすべての資本コストを控除した後に残った利益が内部留保される。正確には，内部留保される利益は利益剰余金であり，配当以外に役員賞与などの社外流出もあることから，厳密には，資本コスト控除後の利益と利益剰余金は異なる。しかし，簡略化のために，以下，両者はほぼ等しいと考えることにする。

　資本コスト控除後の利益を黒字化できなければ内部留保を厚くすることができず，そのような企業の発展は難しくなる。つまり，企業を成長させていくためには，資本コストを上回る利益の獲得が要求される。そのため，資本コストには，最低限，獲得しなければならない利益という意味もある。構造

的意思決定では，資本コストという用語をこのような意味で用いている。

応用word

★**資本コスト**
　本来は資金調達に要するコストをさすが，そこから転じて，最低限，投資
から獲得しなければならない利得を意味する。
★**加重平均資本コスト率**
　負債の資本コスト率と株主資本の資本コスト率を資本構成で加重平均した
資本コスト率。

❷ 資本コスト率

　資本コストには負債の資本コストと株主資本の資本コストがあることから，
資本コスト率にも負債の資本コスト率と株主資本の資本コスト率がある。そ
して，通常，両者は一致しない。そのため，資本コスト率という単一の割引
率を設定するためには，いくつかの調整が必要となる。

　貸付けや社債購入によって企業に資金を提供した債権者は受取利息という
収益を期待している。そのため，利息を支払う企業の立場から見た負債の資
本コスト率は，利息を受け取る債権者の立場から見れば**期待収益率**となり，
負債の資本コスト率と債権者の期待収益率は同義と考えられる。一方，株式
購入によって企業に資金を提供した株主は受取配当金や有価証券売却益とい
う収益を期待している。そのため，利益を分配する企業の立場から見た株主
資本の資本コスト率は，配当などを受け取る株主の立場から見れば期待収益
率となり，株主資本の資本コスト率と株主の期待収益率は同義と考えられる。

　債権者へは，ほぼ確実に利息が支払われるが，株主へ支払われる配当は確
実ではなく，また，確実に株価の値上がりが期待できるわけではない。つま
り，債権者に比べ，株主のリスクは大きくなる。そのため，ハイリスク・ハ
イリターンの原則どおり，通常，株主の期待収益率（株主資本の資本コスト
率）は債権者の期待収益率（負債の資本コスト率）よりも高くなる。なお，
負債の資本コスト率は直近の借入利率や社債利率を適用し，株主資本の資本
コスト率は資本資産評価モデル（Capital Asset Pricing Model：CAPM）や

配当割引モデルなどによる株主の期待収益率を適用する。そして，各資本コスト率を資本構成によって一本化した加重平均資本コスト率を求める。

　ただし，加重平均資本コスト率を求める前に，負債の資本コスト率についてさらに注意が必要である。配当は利益の分配であるから，配当をいくら支払っても会計上の利益には無関係である。しかし，支払利息は会計上の費用であるから，この計上により会計上の利益は減少し，その結果，納税額が節約される。そして，節税分を加味すると，実質的な負債の資本コスト率は，

（１－税率）×負債の資本コスト率

となる。この点を以下の例題にて検証してみよう。

例題７−３

　ある起業家が個人企業の設立に際し，必要な資産は20,000千円，そこから得られる初年度の営業利益は10,000千円と見積もった。そして，株式のみによって20,000千円を資金調達する方法（Ａ案）と有利子負債と株式を50％ずつにして資金調達する方法（Ｂ案）のいずれかを選択すべきか検討している。

　支払利率を10％，実効税率を40％とし，各案のキャッシュ・フローを求めなさい。なお，利息と税金は年度末に一括して支払われ，営業外収益，特別損益など他の要因は無視し，営業利益と収入は等しいとみなす。

😊解答へのアプローチ

　本問の条件の下では，Ａ案の場合，営業利益が税引前利益となり，実質的に営業利益から税金を引けばキャッシュ・フローとなる。一方，Ｂ案の場合，営業利益から支払利息を控除して税引前利益を求め，そこから税金を引く。

［解　答］……………………………………………………………………
　Ａ案：6,000千円　　Ｂ案：5,400千円

　例題７−３より，資金調達の方法によって納税額が異なることがわかる。Ａ案の場合，4,000千円だが，Ｂ案の場合，支払利息の分，税引前利益は減少することから3,600千円となり，400千円分，納税額が節約される。そのため，

7

差額原価収益分析—構造的意思決定の分析—

65

支払利息だけを見ると，B案による支出の増分は1,000千円だが，節税額を加味すると，実質的な支出の増分は600千円となり，それは，"（1－税率）×支払利率×有利子負債"によって求められる。このように，支払利息を計上することでもタックス・シールドが生じるわけである。

　負債の資本コスト率にタックス・シールドを加味したうえで，加重平均資本コスト率は以下のようにして求められる。

> 加重平均資本コスト率＝（1－税率）×負債の資本コスト率×負債比率
> 　　　　　　　　　　＋株主資本の資本コスト率×株主資本比率

そして，負債比率と株主資本比率は以下のようにして求められる。

$$負債比率 = \frac{有利子負債の時価評価額}{有利子負債の時価評価額＋株主資本の時価評価額}$$

$$株主資本比率 = \frac{株主資本の時価評価額}{有利子負債の時価評価額＋株主資本の時価評価額}$$

なお，「有利子負債÷株主資本」によって求められるデット・エクイティ・レシオ（D/Eレシオ）も負債比率とよばれることがある。しかし，加重平均資本コスト率を求めるうえで用いられる負債比率はD/Eレシオではない。

例題7－4

　以下に示す財務データから，当社の加重平均資本コスト率を求めなさい。なお，実効税率を40％とする。

［財務データ］………………………………………………………………

　負債の資本コスト率：5％　　株主資本の資本コスト率：15％

　有利子負債時価評価額：3,217百万円　　株主資本時価評価額：9,651百万円

☺️ 解答へのアプローチ

　加重平均資本コスト率は以下の式にて求められる。

$$(1-0.4) \times 5\% \times \frac{3,217百万円}{3,217百万円 + 9,651百万円} + 15\% \times \frac{9,651百万円}{3,217百万円 + 9,651百万円}$$

［解　答］‥‥‥‥‥‥‥‥‥‥‥‥‥‥‥‥‥‥‥‥‥‥‥‥‥‥‥‥‥‥‥‥‥‥‥‥

　12%

　ある投資案の利益率が加重平均資本コスト率を下回っている場合，その投資案からは株主までを含めたすべてのステーク・ホルダーへ支払うだけの利益を稼いでいないことを意味する。したがって，そのような投資案は却下される。つまり，加重平均資本コスト率は要求される最低限の利益率を意味し，超えなければならない利益率であることからハードル・レートともよばれる。

4 DCF法

❶ 複利計算と割引計算

　DCFとは，Discounted Cash Flow の略称で，割引キャッシュ・フローである。なお，**割引計算**を理解するためには，貨幣の時間価値と**複利計算**について理解しておく必要がある。

　貨幣に時間価値が生じる理由として利息を考えてみよう。たとえば，1,000,000円を年利率１％で預金した場合，１年後の利息は10,000円である。そのため，預金額は最初の1,000,000円から１年後には1,010,000円になる。そして，最初の預金額と１年後の預金額は，金額が異なるものの，価値は等しいと考える。これが貨幣の時間価値を考慮するということである。

　２年後，３年後にも延長してみよう。１年後の預金額をさらに預け続ければ，今度は1,010,000円に１％の利息が付き，利息は10,100円となる。そのため，２年後には1,020,100円となる。さらに，これをそのまま預け続ければ，今度は1,020,100円に１％の利息が付き，利息は10,201円となる。よって，３年後には1,030,301円となる。

　このように，２年目の利息を計算する際，１年後の預金額に利率を乗じ，３年目の利息を計算する際，２年後の預金額に利率を乗じる計算を複利計算とよぶ。つまり，一度，預金したら引き落とすことはなく，利息が利息を生むわけである。設備投資によって獲得した現金は他の事業に再投資されるが，この状況は複利計算のように利息が利息を生む状況に相当する。そのため，

構造的意思決定では複利計算の考え方を前提とするわけである。

　ここまでの例を代数的に説明してみよう。最初の預金額をC_0, 利率をr（百分率ではなく小数），各年の預金額をC_1, C_2, C_3とすれば，

- 1年目の受取利息：rC_0
- 1年後の預金額：$C_1 = C_0 + rC_0 = (1+r)\,C_0$
- 2年目の受取利息：$r(1+r)\,C_0$
- 2年後の預金額：$C_2 = (1+r)\,C_0 + r(1+r)\,C_0 = (1+r)^2 C_0$
- 3年目の受取利息：$r(1+r)^2 C_0$
- 3年後の預金額：$C_3 = (1+r)^2 C_0 + r(1+r)^2 C_0 = (1+r)^3 C_0$

となる。そして，任意のn年後には，その預金額C_nは，

$$C_n = (1+r)^n C_0$$

となり，これが複利計算の公式となる。rに利率，nに年数を入れれば，任意の利率と年数の下での複利計算上の預金額が求められる。そして，最初に預金する時点を現在と考えれば，C_0は現在キャッシュ・フロー，C_nは将来キャッシュ・フローとなり，$(1+r)^n$をキャッシュ・フローの**現在価値**から**将来価値（終価）**を求める**終価係数**とよぶ。

　複利計算は現在キャッシュ・フローから将来キャッシュ・フローを求める方法であるが，逆に，将来キャッシュ・フローから現在キャッシュ・フローを求める場合は，複利計算の公式をC_0について解けばよく，

$$C_0 = C_n \times \frac{1}{(1+r)^n}$$

となる。この計算が割引計算であり，上記の式が割引計算の公式となる。なお，終価係数の逆数である$\dfrac{1}{(1+r)^n}$を**現価係数**とよぶ。

　構造的意思決定では，投資実施時点を現在と考え，投資実施時点での投資費用を現在キャッシュ・フロー，投資後に獲得するキャッシュ・フローを将来キャッシュ・フローとする。なお，以下，将来キャッシュ・フローは1年ごとに，期末に一括して発生する簡略化したケースに限定する。

　この割引計算の公式を用いて，将来キャッシュ・フローを現在価値に割り

引くわけである。そして，これまでの例で利率として扱われてきた r の部分に，前節にて解説した加重平均資本コスト率を代入する。

★割引計算
将来キャッシュ・フローを現在価値に割り引くことで，複利計算の逆に相当。

★NPV法
NPV（正味現在価値）とは，投資によるキャッシュ・フローの割引現在価値合計。NPVがプラスであれば，その投資案には実施する価値がある。

★IRR法
IRR（内部利益率）とは，NPVを0にする割引率。IRRが資本コスト率を上回れば，大抵の場合，その投資案には実施する価値がある。

7
差額原価収益分析―構造的意思決定の分析―

例題7-5

当社は新しい投資案から得られる将来キャッシュ・フローを，1年目が3,000千円，2年目が5,000千円，3年目が4,500千円と見積もった。加重平均資本コスト率を5％とし，各年の将来キャッシュ・フローの現在価値を求めなさい。なお，百円単位の金額を四捨五入し，千円単位で答えなさい。

☺ 解答へのアプローチ

各年のキャッシュ・フローの現在価値は以下の式にて求められる。

- 1年目：$3{,}000千円 \times \dfrac{1}{(1+0.05)}$

- 2年目：$5{,}000千円 \times \dfrac{1}{(1+0.05)^2}$

- 3年目：$4{,}500千円 \times \dfrac{1}{(1+0.05)^3}$

[解 答]..

1年目：2,857千円　　　2年目：4,535千円　　　3年目：3,887千円

❷ NPV法

　将来キャッシュ・フローを現在価値に割り引く手法を総称してDCF法とよび，これはさまざまな分野で活用されている。そして，設備投資の意思決定において，DCF法を活用して投資案を評価する代表的な手法として**NPV法**と**IRR法**があげられる。まずは，NPV法から解説する。

　NPVとは Net Present Value の略称で**正味現在価値**ともよばれる。これは，現在価値に割り引いたすべての収入から，現在価値に割り引いたすべての支出を差し引いた，キャッシュ・フローの割引現在価値合計を意味する。そして，NPV法では，投資案のNPVがプラスであれば，その投資案は実施するに値すると判断する。これは，その投資案が資本コスト以上のキャッシュ・フローを生み出すことを意味している。また，相互排他的投資案の選択に際しては，原則として，NPVの大きい投資案を選択する。

例題7－6

　当社は新しい工作機械を購入すべきか否か検討している。機械の取得原価は10,000千円で取得時に全額が支出となる。なお，この機械の耐用年数は3年で，耐用年数経過時に工作機械メーカーが無償でこの機械を引き取ることになっている。機械の導入により，毎年，5,000千円のキャッシュ・フローが期待されている。また，毎年のキャッシュ・フローは期末に全額が一括して発生すると考える。

　加重平均資本コスト率を8％とすると，NPVはいくらになるか。なお，割引計算にて端数が生じる場合，現在価値に割り引いた段階で百円単位の金額を四捨五入し，千円単位で答えなさい。

😊 解答へのアプローチ

　各年のキャッシュ・フローの現在価値は以下のとおりである。

- 1年目：$5{,}000千円 \times \dfrac{1}{(1+0.08)} \fallingdotseq 4{,}630千円$

- 2年目：$5{,}000千円 \times \dfrac{1}{(1+0.08)^2} \fallingdotseq 4{,}287千円$

- 3年目：$5{,}000\text{千円} \times \dfrac{1}{(1+0.08)^3} \fallingdotseq 3{,}969\text{千円}$

そして，NPVは以下の式にて求められる。

$-10{,}000\text{千円} + 4{,}630\text{千円} + 4{,}287\text{千円} + 3{,}969\text{千円}$

なお，本問のように各年のキャッシュ・フローが等しい場合，

$$5{,}000\text{千円} \times \left(\dfrac{1}{(1+0.08)} + \dfrac{1}{(1+0.08)^2} + \dfrac{1}{(1+0.08)^3} \right)$$

として計算することができ，$\left(\dfrac{1}{(1+0.08)} + \dfrac{1}{(1+0.08)^2} + \dfrac{1}{(1+0.08)^3} \right)$ を**年金現価係数**とよぶ。

［解　答］……………………………………………………………………………

2,886千円

例題7－7

　　例題7－6にて検討された工作機械とは別の工作機械を購入することも可能である。別の機械は，取得原価が18,000千円で，投資後に期待される毎年のキャッシュ・フローが6,000千円である。例題7－6にて検討されている機械を購入する投資案をA案，本問にて検討されている機械を購入する投資案をB案とすると，いずれの案を選択すべきか答えなさい。なお，他の条件はすべて例題7－6と同じである。

☺解答へのアプローチ

　　B案のNPVは以下のとおりである。

$$-18{,}000\text{千円} + 6{,}000\text{千円} \times \left(\dfrac{1}{(1+0.08)} + \dfrac{1}{(1+0.08)^2} + \dfrac{1}{(1+0.08)^3} \right) \fallingdotseq -2{,}537\text{千円}$$

［解　答］……………………………………………………………………………

A案

❸ IRR法

IRRとは Internal Rate of Return の略称で**内部利益率**ともよばれる。これ

は，投資案のNPVを 0 円にする割引率のことである。そして，IRR法では，投資案のIRRが加重平均資本コスト率を上回れば，その投資案は実施するに値すると判断する。つまり，その投資案からは資本コストを上回るキャッシュ・フローが期待できるわけである。また，相互排他的投資案の選択に際しては，原則として，IRRの高い投資案を選択する。

例題 7 - 8

例題 7 - 6 にて示した投資案のIRRを r とし，IRRを求める式を書きなさい。

(☺)解答へのアプローチ

NPVを求める式の加重平均資本コスト率を r として式を作ればよい。なお，解答は，年金現価係数を用い，項を時系列順に並べ，右辺を 0 としているが，必ずしもこの形式どおりにしなければいけないわけではない。現価係数を用いる形式や，初期投資額を右辺に移項した形式でも正解である。

[解　答]

$$-10,000千円 + 5,000千円 \times \left(\frac{1}{1+r} + \frac{1}{(1+r)^2} + \frac{1}{(1+r)^3} \right) = 0$$

r の値は計算ソフトを用いれば求められ，$r = 0.233751\cdots$，つまり，IRRは約23.38％となる。なお，IRRはプラスの実数解のみとなる。

図表 7 - 2 は，例題 7 - 6 のケースにおける任意の割引率に対するNPVの動きを示している。そして，NPVが 0 になる，つまり，NPVを示す曲線が横軸と交差する点の割引率がIRRとなる。なお，同図より，割引率が高くなるとNPVは減少し，加重平均資本コスト率がIRR未満であればNPVはプラスとなり，加重平均資本コスト率がIRRを超えれば，NPVはマイナスとなることがわかる。そのため，大抵の場合，このケースのようにNPV法とIRR法による投資案の評価は整合するが，各方法による投資案の評価が整合しないケースもある。この点については，以下で検討する。

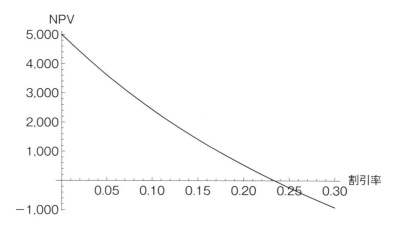

❹ IRR法の問題点

　例題7-6の投資案はNPV法であれIRR法であれ採択され，例題7-7の投資案はいずれの方法であっても棄却される。なお，これらの投資案は，ある単独の投資案を採択するか棄却するかの選択となることから独立投資案ともよばれる。そして，大抵の場合，独立投資案の評価はいずれの方法であっても整合する。しかし，複数のIRRが生じるケースでは，IRR法にのみ依拠した独立投資案の評価には注意が必要である。

　複数のIRRが生じるのは，処分費用などがかさみ投資終了時のキャッシュ・フローがマイナスになる場合などである。複数のIRRが生じるケースを，以下の例題にて検証してみよう。

例題7-9

　当社は天然資源の鉱床を発見し，そこからの資源掘削について検討している。鉱床の開発費用は10,000百万円で投資実施時に全額が支出となる。また，1年後のキャッシュ・フローは27,000百万円と見積もられている。なお，その後は資源を採掘できなくなることから，掘削基地を閉鎖し，環境保全投資が必要となる。その投資額は18,000百万円と見積もられ，開発から2年後に全額

が支出となる。以上の条件の下，この投資案のIRRを求めなさい。

😊解答へのアプローチ

この投資案のIRRを求める式は以下のとおりである。

$$-10,000百万円 + 27,000百万円 \times \frac{1}{(1+r)} - 18,000百万円 \times \frac{1}{(1+r)^2} = 0$$

その結果，$(r-0.2)(r-0.5)=0$ となり，IRRが求められる。

[解 答]⋯⋯⋯⋯⋯⋯⋯⋯⋯⋯⋯⋯⋯⋯⋯⋯⋯⋯⋯⋯⋯⋯⋯⋯⋯⋯⋯

20%と50%

例題7－9のように，キャッシュ・フローの符号が時系列順にマイナスからプラス，プラスからマイナスと2回変わる場合，IRRは2つになる。多項式の性質上，このような事態が生じるのはやむを得ないことであるが，例題7－9の投資案をIRR法にのみ依拠して評価する際には注意が必要である。もしこの投資案の採否を検討している企業が加重平均資本コスト率を10%としていれば，IRRはいずれも加重平均資本コスト率を上回っているから，この投資案を採択すべきとなる。しかし，そのように判断することはできない。この理由を，以下の例題にて検証してみよう。

例題7－10

加重平均資本コスト率を10%として，例題7－9の投資案のNPVを求めなさい。なお，割引計算にて端数が生じる場合，現在価値に割り引いた段階で十万円単位の金額を四捨五入し，百万円単位で答えること。

😊解答へのアプローチ

この投資案のNPVを求める式は以下のとおりである。

$$-10,000百万円 + 27,000百万円 \times \frac{1}{(1+0.1)} - 18,000百万円 \times \frac{1}{(1+0.1)^2}$$

［解　答］……………………………………………………………………………………

　－331百万円

　例題7－10より，この投資案のNPVはマイナスであり，実施するに値しない投資案であることがわかる。しかし，この投資案のIRRは20％と50％になっており，いずれも加重平均資本コスト率を上回っている。これは，この投資案のNPVが図表7－3のように変動するからである。

　例題7－9のケースでは，割引率が20％と50％の点でNPVを示す曲線が横軸と交差し，割引率が20％から50％の間にある時にNPVが0以上となる。このようにIRRが複数生じる場合，単純にIRRが加重平均資本コスト率を上回っているか否かで投資案を評価するのではなく，NPVを見極めたうえで投資案を評価しなければならない。そして，現実的には稀なケースではあるが，仮に加重平均資本コスト率が20％から50％の間にあれば，例題7－9の投資案は採択される。なお，マイナスのキャッシュ・フローが投資実施時のみ生じ，その後はプラスのキャッシュ・フローだけが生じる場合，複数IRRの問題は生じない。

　次に，相互排他的投資案の選択に際しても，IRR法による投資案の評価には問題がある。なお，ここでは，議論を簡略化するため，2つの投資案のうちい

図表7－3　例題7－9の投資案におけるNPV

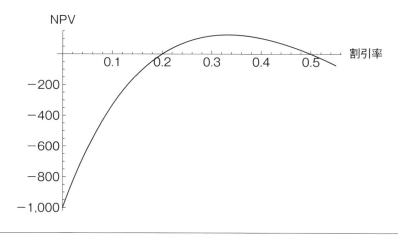

ずれか１つを選択するケースに限定する。以下の例題にて検証してみよう。

当社は，２つの投資案（Ａ案とＢ案）のうち，いずれの投資案を選択すべきか検討している。いずれも投資期間は２年間である。Ａ案の場合，投資費用は100百万円，将来キャッシュ・フローは，第１年度末が60百万円，第２年度末が72百万円と見積もられている。一方，Ｂ案の場合，投資費用は500百万円，将来キャッシュ・フローは，第１年度末が275百万円，第２年度末が302.5百万円と見積もられている。加重平均資本コスト率を５％とし，各案のNPVとIRRを求めなさい。なお，割引計算にて端数が生じる場合，現在価値に割り引いた段階で十万円単位の金額を四捨五入しなさい。

😊 解答へのアプローチ

各案のNPVを求める式は以下のとおりである。

- Ａ案：$-100百万円 + 60百万円 \times \dfrac{1}{(1+0.05)} + 72百万円 \times \dfrac{1}{(1+0.05)^2}$

- Ｂ案：$-500百万円 + 275百万円 \times \dfrac{1}{(1+0.05)} + 302.5百万円 \times \dfrac{1}{(1+0.05)^2}$

また，IRRを r とすると，各案のIRRを求める式は以下のとおりである。

- Ａ案：$-100百万円 + 60百万円 \times \dfrac{1}{(1+r)} + 72百万円 \times \dfrac{1}{(1+r)^2} = 0$

- Ｂ案：$-500百万円 + 275百万円 \times \dfrac{1}{(1+r)} + 302.5百万円 \times \dfrac{1}{(1+r)^2} = 0$

なお，いずれのIRRも例題７−９と同様の方法にて求めることができるが，IRRはプラスの実数解のみとなる点に注意すること。

［解　答］ ....

- NPV　Ａ案：22百万円　　Ｂ案：36百万円
- IRR　Ａ案：20％　　Ｂ案：10％

例題 7 - 11から，いずれも投資するに値する投資案であるが，いずれか一方を選択する場合，NPV法による場合，B案を選択すべきとなり，IRR法による場合，A案を選択すべきとなることがわかる。このように両者の判断が分かれる場合，NPV法による評価を優先し，B案を選択すべきである。

　この理由として，まずは再投資の原資を考えてみるとよい。NPVとは投資によって企業が獲得することのできる再投資の原資である。当然，再投資の原資が大きければ，その分，より大きな成長が期待できるわけである。

　また，いま，この企業には資金の制約があり，投資に回すことのできる資金の上限が500百万円であるとしよう。B案を選択すれば，その資金をすべて活用することができるが，A案を選択した場合，400百万円の余剰資金が生じる。この余剰資金は，そのまま放置されるわけではなく，通常，他の従来どおりに行われている事業に投下されると考える。そして，このような従来どおりに行われている事業に投資した場合の平均的な利益率が加重平均資本コスト率に相当する。そのため，この400百万円は加重平均資本コスト率による2年間の複利計算で運用されると考えることができ，第2年度末に，およそ441百万円のキャッシュ・フローを生み出すとみなすことができる。

　A案という投資案を余剰資金の活用も含めて評価してみよう。NPVとIRRの定義から，余剰資金を活用する部分に関しては，NPVは0円であり，IRRは加重平均資本コスト率と等しくなる。そのため，A案のNPVは22百万円のままで，IRRは約7.5%へと低下する。したがって，500百万円という投資に回すことのできる資金全体をどのように活用すべきなのかという観点に立てば，B案のほうが優良な投資案であるということがわかる。

　なお，上述のように，加重平均資本コスト率には，その企業で平均的に獲得することのできる投資からの利益率という意味もある。そして，加重平均資本コスト率を下回る投資案を選択すべきではない理由がここにもあり，もし，そのような投資案を選択すれば，その資金を他の事業に投資すべきであったのに，そうしなかったという**機会損失**が生じているわけなのである。

5 貨幣の時間価値を考慮しない投資案の評価方法

❶ 回収期間法

　投資案を評価する際，必ず将来キャッシュ・フローを現在価値に割り引かなければならないわけではない。貨幣の時間価値を考慮しない投資案の評価方法として，まずは**（単純）回収期間法**について解説する。なお，本章では触れないが，貨幣の時間価値を考慮し，将来キャッシュ・フローを現在価値に割り引いたうえで回収期間を求める割引回収期間法とよばれる方法もある。

　投資費用と将来キャッシュ・フローの累積額が等しくなる時，その投資費用は回収された状態にあるという。そして，回収期間法とは，投資費用が投資実施後のいつの段階で回収されるかを明らかにする手法である。

応 用 word

★回収期間法
　投資費用が何年分の将来キャッシュ・フローによって回収されるかを明らかにする投資案の評価方法。
★会計的投下資本利益率法
　投資費用に対する投資後に得られる会計上の利益の割合によって投資案を評価する方法。

例題 7 − 12

　当社は投資費用が10,000千円の設備投資を決定した。この設備の耐用年数は5年であり，20X1年4月1日から稼働する。また，この設備による将来キャッシュ・フローは，投資後1年目が1,092千円，2年目が2,790千円，3年目が5,110千円，4年目が3,285千円，5年目が2,400千円と見積もられている。この投資費用が回収される年月日を求めなさい。なお，1年を365日とし，各年のキャッシュ・フローは年度内に平均的に発生すると考える。

🙂 解答へのアプローチ

　累積キャッシュ・フローは，3年目末が8,992千円，4年目末が12,277千円と

なることから，20X4年度中に回収時期が到来する。なお，3年目末の段階で未回収の金額は1,008千円である。そして，4年目の1日当たりキャッシュ・フローは9千円であるから，20X4年度の112日目に回収時期が到来する。

[解　答]……………………………………………………………………

20X4年7月21日

　なお，この問題での回収期間は，3年112日，または，約3.3年となる。

　例題7−12のように各期の将来キャッシュ・フローが異なる場合，それらを平均した2,935.4千円にて回収期間を求めることもできる。この場合，

$$\frac{10,000}{2,935.4} = 3.40669\cdots$$

となり，回収期間は約3.4年となる。問題文中の指示に従い，いずれかの方法を選択する必要があるが，例題7−12のように，回収時期を問われた場合，各期のキャッシュ・フローの違い，つまり，各期の回収具合を反映させるために，将来キャッシュ・フローを平均化しないほうが良いであろう。

　なお，NPV法やIRR法では，将来キャッシュ・フローは期末に一括して生じると仮定していた。しかし，この仮定の下では，回収時期は期末の1時点のみとなり，期中のどの時点で回収時期を迎えるかがわからなくなる。そのため，回収期間法では，通常，例題で記されているように，各期間のキャッシュ・フローはその期間内に平均して発生すると仮定している。

　例題7−7や例題7−11のように，相互排他的投資案の選択に際しては，回収期間法は回収期間の短い投資案を優良な投資案と判断する。しかし，回収期間法では，回収時期後に獲得する将来キャッシュ・フローの動向を無視してしまうため，投資案の評価にてNPV法と整合しないこともある。この点を以下の例題にて検証してみよう。

2つの投資案（A案とB案）について，以下に示す各案の投資費用と将来キャッシュ・フローにもとづき，各案のNPVと回収期間を求めなさい。

	投資費用	1年目	2年目	3年目	4年目
A案	10,000千円	6,700千円	4,015千円	800千円	200千円
B案	10,000千円	1,500千円	2,500千円	7,300千円	2,000千円

なお，加重平均資本コスト率を5％とする。割引計算にて端数が生じる場合，現在価値に割り引いた段階で百円単位の金額を四捨五入すること。また，NPV法では将来キャッシュ・フローは期末に一括して生じると考え，回収期間法では各年の将来キャッシュ・フローを平均化せず，1年を365日として，各年の将来キャッシュ・フローは当該期間中に平均して発生すると考えること。

☺解答へのアプローチ

各案のNPVを求める式は以下のとおりである。

- A案：$-10,000千円 + \dfrac{6,700千円}{(1+0.05)} + \dfrac{4,015千円}{(1+0.05)^2} + \dfrac{800千円}{(1+0.05)^3} + \dfrac{200千円}{(1+0.05)^4}$

- B案：$-10,000千円 + \dfrac{1,500千円}{(1+0.05)} + \dfrac{2,500千円}{(1+0.05)^2} + \dfrac{7,300千円}{(1+0.05)^3} + \dfrac{2,000千円}{(1+0.05)^4}$

また，回収期間は，A案の場合，2年目の1日当たりキャッシュ・フローを求めてから，B案の場合，3年目の1日当たりキャッシュ・フローを求めてから，例題7−12のようにして求める。

[解 答]‥‥‥‥‥‥‥‥‥‥‥‥‥‥‥‥‥‥‥‥‥‥‥‥‥‥‥‥‥‥‥‥‥‥

- NPV　A案：879千円　　B案：1,648千円
- 回収期間　A案：1年300日　　B案：2年300日

　例題7−13の解答より，NPV法による場合，B案を選択すべきとなり，回収期間法による場合，A案を選択すべきとなる。そして，この場合，一概にNPV法による投資案の評価を優先すべきとは言い切れない。

　将来キャッシュ・フローは遠い将来になればなるほど，その不確実性が高まり，だからこそ遠い将来のキャッシュ・フローは近い将来のキャッシュ・

フローよりも多くの回数で割り引かれるのだが，割り引く前の予想額自体が大幅に変動する恐れもある。また，投資費用を有利子負債によって調達した場合，返済期日との兼ね合いもあり，早期に投資費用を回収する投資案を選択することにも合理性はある。そのため，NPV法と回収期間法による投資案の評価が整合しない場合は，投資費用の調達方法や将来キャッシュ・フローの確実性も加味して総合的に判断せざるを得ず，どちらの方法による投資案の評価を優先すべきであるとは明確に言えないのが実情である。

❷ 会計的投下資本利益率法

　会計的投下資本利益率法も貨幣の時間価値を考慮しない投資案の評価方法である。また，投資後の利得を会計上の利益とする点にも特徴がある。会計的投下資本利益率は，以下のように求められる。

$$会計的投下資本利益率＝\frac{各期の設備投資によって得られる会計上の利益}{投資費用}$$

　なお，分母の投資費用は，固定資産の取得原価とする場合もあれば，固定資産の期首評価額と期末評価額を足して2で割った固定資産の平均評価額とする場合もある。分母を平均評価額とする理由は，分子と分母の期間を対応させ，各期の設備投資による収益性を測定するためである。

　会計上の利益とは，期首から期末にかけての1会計期間で獲得した金額である。一方，利益を獲得するために，その期間に固定資産は消費され，固定資産の期首評価額は期末評価額へ減少していく。そして，固定資産の消費とそれによって獲得した利益を対応させるために分母を平均投資費用とするわけである。なお，期首評価額と期末評価額の差額，つまり，利益を獲得するために消費された固定資産とは減価償却費のことである。

6 　新規投資と取替投資

❶ 新規投資のケース

　❷❸にて述べたように，設備投資には新規投資と取替投資という2つの

ケースがある。まずは、新規投資のケースについて解説する。このケースの意思決定問題は、新しい固定資産を取得する代替案（取得案）と取得しない代替案（現状維持案）のうち、キャッシュ・フローの現在価値が大きい代替案を選択することになる。なお、現状維持案を選択すれば、その分の資金は他の従来どおりに行われている事業に投下され、加重平均資本コスト率の複利で将来キャッシュ・フローを生み出すと考える。そのため、将来キャッシュ・フローを加重平均資本コスト率で割り引けば元に戻るだけとなるから、現状維持案のNPVは０円、または、IRRは加重平均資本コスト率となる。したがって、取得案のNPVが０円、または、複数IRRの問題は生じないとして、IRRが加重平均資本コスト率以上となれば取得案を選択すべきとなる。では、新規投資のケースを例題７−14にて検討してみよう。

例題7−14

当社は新しい工作機械の購入を検討している。この機械の取得原価は900百万円、耐用年数は３年であり、残存価額を０円とする定額法によって減価償却を行う。なお、この機械は耐用年数経過時に処分され、10百万円の処分費用が発生する。

この機械の導入により、価格10,000円の製品が年間で100,000台増産されると見込まれ、すべて現金によって販売される。この製品の１台当たり直接材料費は2,000円、１台当たり変動製造間接費は3,000円、減価償却費以外に保険料やメンテナンス費用などの固定製造間接費が１年当たり20百万円となり、減価償却費を除くすべての費用は現金支出費用となる。

実効税率を40％、加重平均資本コスト率を５％として、機械購入時現在の機械購入によるNPVを求めなさい。なお、機械購入後、同社は赤字になることはなく、税金を含めたすべてのキャッシュ・フローは当該年度末に一括して生じるとみなす。また、割引計算に際しては、下記の現価係数を用いること。

（割引率５％の現価係数）

1年：0.9524	2年：0.9070	3年：0.8638

☺ 解答へのアプローチ

各期のキャッシュ・フローとその割引現在価値は以下のとおり。

- 機械購入時のキャッシュ・フロー：－900百万円

- 1年目末と2年目末のキャッシュ・フロー

0.6×480百万円＋0.4×300百万円＝408百万円

- 3年目末のキャッシュ・フロー

0.6×470百万円＋0.4×300百万円＝402百万円

- 上記キャッシュ・フローの割引現在価値合計

408百万円×（0.9524＋0.9070）＋402百万円×0.8638＝1,105.8828百万円

以上より，NPVは，－900百万円＋1,105.8828百万円＝205.8828百万円となる。

[解　答]‥‥‥‥‥‥‥‥‥‥‥‥‥‥‥‥‥‥‥‥‥‥‥‥‥‥‥‥‥‥‥‥‥‥‥‥

205.8828百万円

❷ 取替投資のケース

　次に，取替投資のケースについてである。通常，このケースでは，古い固定資産の処分と新しい固定資産の取得が同時に行われると考え，投資実施時点では，新しい固定資産の取得原価のみならず，古い固定資産の処分に関連するキャッシュ・フローも考慮する必要がある。

　このケースの意思決定問題は，新しい固定資産へ取り替える代替案（取替案）と古い固定資産を継続して使用する代替案（継続案）のうち，キャッシュ・フローの現在価値が大きい代替案を選択することになる。この際，各代替案から得られるキャッシュ・フローの割引現在価値合計を比較する総額法によって取替投資の経済性を分析することもできる。しかし，取替投資による効果を明確にするためには，業務的意思決定の時と同じように代替案間で共通する部分は無視し，継続案を前提として，取替案によって変動する差額キャッシュ・フローに着目する差額法を学習しておく必要もある。そして，差額キャッシュ・フローの割引現在価値合計がプラスになれば，取替案を選択すべきとなる。では，取替投資のケースを例題7－15にて検討してみよう。

　当社は20X1年度の期首に取得した旧機械から20X4年度の期首に新機械への取替えを検討している。旧機械の取得原価は160百万円，耐用年数は８年であり，ランニング・コストは年間で５百万円である。ランニング・コストは現金支出費用であり，固定費である。一方，新機械の取得原価は100百万円，耐用年数は５年である。なお，いずれの機械も，残存価額を０円とする定額法によって減価償却を行う。また，耐用年数経過時まで使用すれば処分費用が発生し，旧機械の場合は20百万円，新機械の場合は10百万円となる。

　新機械へ取り替えた場合，価格10,000円の製品が年間で5,000台増産され，すべて現金によって販売される。この製品の１台当たり直接材料費は2,000円，１台当たり変動製造間接費は3,000円であり，ランニング・コストは年間で８百万円となる。なお，これら費用はすべて現金支出費用であり，ランニング・コストは固定費である。また，この場合，取替時に旧機械は無償で機械メーカーに引き取ってもらうことができる。

　実効税率を40％，加重平均資本コスト率を３％，20X4年度の期首を現在とし，新機械への取替えによるNPVを求めなさい。なお，新機械への取替後，同社は赤字になることはなく，税金を含めたすべてのキャッシュ・フローは当該年度末に一括して生じるとみなす。また，割引計算に際しては，下記の現価係数を用いること。

（割引率３％の現価係数）

| 1年：0.9709 | 2年：0.9426 | 3年：0.9151 | 4年：0.8885 | 5年：0.8626 |

😊解答へのアプローチ

　取替後に発生する各期の差額割引キャッシュ・フローは以下のとおりとなる。なお，いずれの機械を稼働しても減価償却費は同額であるから，減価償却費によるタックス・シールドは無視する。

- 差額売上高（増産分）：＠10,000円×5,000台＝50百万円
- 差額変動費（増産分）：－＠5,000円×5,000台＝－25百万円
- 差額ランニング・コスト：５百万円－８百万円＝－３百万円

したがって，処分費用を無視した差額税引前利益は22百万円となる。

　また，取替時に旧機械は無償で引き取られるため処分費用は発生しないが，その際，100百万円の固定資産除去損が発生し，それによるタックス・シールドの40百万円が20X4年度末のキャッシュ・フローに含められる。

　さらに，耐用年数経過時に処分費用が発生するが，取替投資により差額処分費用の10百万円を節約することができる。つまり，取替投資による節約額の10百万円が20X8年度末の税引前利益に含められる。

- 20X4年度末の差額割引キャッシュ・フロー：0.9709［0.6×22百万円＋40百万円］＝51.65188百万円
- 20X5～7年度末の差額割引キャッシュ・フロー：(0.9426＋0.9151＋0.8885)［0.6×22百万円］＝36.24984百万円
- 20X8年度末の差額割引キャッシュ・フロー：0.8626［0.6 (22百万円＋10百万円)］＝16.56192百万円

　以上より，NPVは，－100百万円＋51.65188百万円＋36.24984百万円＋16.56192百万円＝4.46364百万円となる。

［解　答］・・

4.46364百万円

　当社は20X1年度の期首に取得した工作機械（機械A）を用いて生産された単位当たり変動費が5,000円の製品を，価格10,000円で販売している。機械Aの年間生産能力は9,600個であり，取得原価は75百万円である。なお，減価償却は，耐用年数を5年，残存価額を0円とする定額法によって行っている。また，ランニング・コストが年間で10百万円発生し，耐用年数経過時に機械Aは処分され，その時点で処分費用が5百万円発生する。

　現在，この製品の販売は好調であり，マーケティング部門の調査によれば，価格を維持しつつ，年間で18,000個まで販売量を増やすことができると予想されている。そこで，当社では，新しい機械（機械B）を20X3年度の期首に取得すべきか否かを検討している。なお，機械Bは，取得原価が90百万円，耐用年数が3年であり，残存価額を0円とする定額法によって減価償却を行う。また，ランニング・コストが年間で12百万円発生し，耐用年数経過時に機械Bは処分され，その時点で処分費用が7百万円発生する。そして，機械Bの年間生産能力は15,000個であり，機械Bを用いることにより材料の歩留が改善され，単位当たり変動費は3,000円へと減少する。

　実効税率を40%，加重平均資本コスト率を7%とし，以下の問1と問2の問題に答えなさい。なお，機械Bを取得後，同社は赤字になることはなく，製品はすべて現金によって販売され，製品の単位当たり変動費，ランニング・コストおよび処分費用は現金支出費用としたうえで，税金を含めたすべてのキャッシュ・フローは当該年度末に一括して生じるとみなす。また，割引計算に際しては，下記の現価係数を用いること。

（割引率7%の現価係数）

1年：0.9346	2年：0.8734	3年：0.8163

問1　従来どおりに機械Aのみを使用する場合に対して，機械Aを使用しつつ機械Bを取得することで生じる差額キャッシュ・フローから，20X3年度期首現在のNPVを求めなさい。なお，製品は利益を最大化する方法によって生産される。

問2　従来どおりに機械Aのみを使用する場合に対して，機械Aを売却して

機械 B を取得することで生じる差額キャッシュ・フローから，20X3年度期首現在のNPVを求めなさい。なお，機械 A は20X3年度の期首に30百万円で売却され，売却額は20X3年度期首の収入となり，この場合，機械 A の処分費用は発生しない。

➡ 解答は144ページ

練習問題 7−2

　当社は20X1年度の期首に新しい工作機械の取得を検討している。この機械の取得原価は120百万円であり，耐用年数を 3 年，残存価額を 0 円とする定額法によって減価償却を行う。また，ランニング・コストが年間で20百万円発生し，耐用年数経過時に10百万円の処分費用が発生する。そして，この機械によって， 1 個当たり貢献利益が10,000円の製品が， 3 年間にわたり年間で8,000個販売されると見積もられている。

　実効税率を40％とし，以下の問題に答えなさい。なお，この機械を取得後，同社は赤字になることはなく，製品はすべて現金によって販売され，減価償却費以外の費用は現金支出費用としたうえで，税金を含めたすべてのキャッシュ・フローは当該年度末に一括して生じるとみなす。

問1　この投資案による20X1年度期首現在のIRRは，①5％未満，②5％以上10％未満，③10％以上15％未満，④15％以上のいずれに該当するか答えなさい。

問2　以下に示す財務データから当社の加重平均資本コスト率を求めたうえで，この投資案を実施すべきか否かを答えなさい。

【財務データ】

　　直近の支払利率：5 ％　　株主の期待収益率：20％

　　有利子負債の時価評価額：40億円　　株主資本の時価評価額：60億円

問3　市場調査の結果，今後 3 年間のこの製品の年間販売量は，確率50％で6,000個，確率50％で12,000個になると予想された。**問2**で求めた加重平均資本コスト率を前提とすると，この投資案を実施すべきか否か答えなさい。

➡ 解答は145ページ

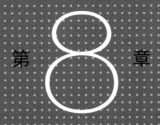

第 8 章

ライフサイクル・コスティング

学習のポイント

1　製品ライフサイクルは，研究・開発，生産・構築，運用・支援，退
　役・廃棄の4段階に区分される。
2　製品ライフサイクル全体で発生するコストをライフサイクル・コス
　トとよび，製品ライフサイクルの各段階で発生するコストを見積もる
　手法を生産者のライフサイクル・コスティングとよぶ。
3　製品やサービスを購入する消費者の立場から見たライフサイクル・
　コスティングもある。

1 製品ライフサイクルとライフサイクル・コスト

　ライフサイクル・コスティングは，製品やサービスを生産する主体の立場
から見た**生産者のライフサイクル・コスティング**と，製品やサービスを購入
する主体の立場から見た**消費者のライフサイクル・コスティング**に分類され
る。まずは生産者のライフサイクル・コスティングから解説し，消費者のラ
イフサイクル・コスティングについては**4**にて解説するが，その前に，**製品
ライフサイクル**について理解しておく必要がある。

　製品ライフサイクルとは，製品（ソフトウェアやシステム，または，サー
ビスも含む）を生産する前に行われる研究・開発や企画，設計などの段階か
ら，その製品やサービスの生産や販売を終了した後に行われる関連する設備
などの処分，および，関連するアフター・サービスなど一切の業務を終える
段階までの期間をさす。自動車や家電を例にあげれば，あるモデルの製品を
生産する前には，市場調査を行い，その製品のコンセプトや性能を考え，製

品や工程を設計し，原材料などの調達方法を検討する。そして，その製品を生産，販売し，やがて，新たなモデルの製品を販売するために，旧モデルの生産や販売は終了する。その後，再利用できない旧モデルの原材料や設備などは処分され，旧モデルを購入した顧客から来る修理などの依頼に備えてしばらくの間はアフター・サービスを行うが，いずれ，そのようなサービスも終了する。この一連の期間が製品ライフサイクルである。

製品ライフサイクルは，生産開始前の**研究・開発段階**，生産開始後の**生産・構築段階**，販売時や販売後の**運用・支援段階**，生産や販売終了後の**退役・廃棄段階**の4つの段階に区分される。そして，生産者のライフサイクル・コスティングとは，製品ライフサイクルの各段階で発生するコストを見積もり，製品ライフサイクル全体で発生するコスト，すなわち，**ライフサイクル・コスト**を明らかにするとともに，ライフサイクル・コスト全体の最小化を目指す原価計算の手法を意味する。

応用 word

> ★**製品ライフサイクル**
> 　製品やサービスを生産する前の段階から，その製品やサービスの生産や販売を終了した後に行われる関連する設備などの処分，および，関連するアフター・サービスなど一切の業務を終える段階までの期間。
>
> ★**ライフサイクル・コスト**
> 　製品ライフサイクルで発生するすべてのコスト。

2 各コストの特徴

❶ 研究・開発コスト

　現代では，FA（Factory Automation）といって工場の自動化や機械化が進展している。しかも，工場内の機械はCAM（Computer Aided Manufacturing）とよばれるコンピュータ制御の機械が多数を占めている。そして，コンピュータ制御の機械を稼働させるためには設計図などをデジタル・データ化する必要があり，CAD（Computer Aided Design）とよばれるコンピュータを駆使した設計が欠かせなくなっている。

89

ただし，CADは製品を生産するための手段であり，その効果を発揮させるためには，魅力ある製品を生産するための市場調査や企画，研究・開発が欠かせない。また，製品や工程の設計，および，原材料の調達方法なども検討しなければならない。そして，ライフサイクル・コスティングでは，このような生産開始前の段階で発生するコストを総称して**研究・開発コスト**とよぶ。

❷ 生産・構築コスト

原価計算といえば，製造原価の計算が想起される。製造原価の計算とは，製品を生産するために消費された材料費や労務費，経費といったさまざまな原価要素を収集し，それらを製品や仕掛品などのさまざまな原価計算対象に集計する手続きをさす。そのため，原価といえば，製品の生産段階で発生する材料費や労務費，経費が想起されるであろうし，原価計算といえば，このような製品の生産段階で発生する原価の計算が想起されるであろう。

また，製造業のみならず，ソフトウェアやシステムをはじめ各種サービスを販売する企業においても，それらを構築するためのコストが発生する。そして，ライフサイクル・コスティングでは，製造業における製造原価やサービス業におけるサービスを構築するためのコストを総称して**生産・構築コスト**とよぶ。

❸ 運用・支援コスト

製品が完成したら，それを販売するための広告や販売促進といった販売活動を行う必要がある。また，企業は，製品やサービスを販売した後も，顧客に対しさまざまなサービスを提供する。たとえば，あるシステムなりソフトウェアを販売し，そこに何らかの脆弱性が見つかれば，修正プログラムの提供といったサービスを顧客に提供する。また，ユーザー教育やユーザーからのクレーム対応，新バージョンのソフトウェアを開発すれば，ユーザーへの情報提供や販売促進も行っている。このほかにも，製造業であれサービス業であれ，販売した製品などが故障した場合の修理やメンテナンスなど，販売後に顧客に対して行われるいわゆるアフター・サービスやカスタマー・サー

ビスは枚挙に暇がない。

　当然，このようなサービスを行えば，それに伴いコストも発生する。そして，ライフサイクル・コスティングでは，顧客への販売活動や販売後に提供されるさまざまなサービスによって発生するコストを総称して**運用・支援コスト**とよぶ。

❹ 退役・廃棄コスト

　製品やサービスの生産を中止すれば，新製品や他の製品の生産に転用可能なものを除き，その製品を生産するために使われてきた原材料や設備などは処分される。また，販売した製品が使われなくなった場合に，販売した企業がその製品を処分することもある。たとえば，老朽化した建物などの構築物を取り壊す場合，その建物の建設を請け負った建設会社が，解体作業を行い，その過程で生じた廃材を処分する場合などがあげられる。さらに，製品の生産を中止していなくても，家電メーカーなどでは，リサイクルのために，廃棄される製品を回収し，再利用可能な部材を取り除く作業を行っている。

　いずれの場合であっても，いわゆる産業廃棄物が生じるわけであるが，その処分や，再利用可能な部材を取り除き，他の製品生産へ転用するリサイクルを行っている。そして，ライフサイクル・コスティングでは，産業廃棄物の処分やリサイクルによって発生するコストを総称して**退役・廃棄コスト**と

応用 word

★研究・開発コスト
　生産開始前の段階で発生する研究・開発，企画，市場調査などのコスト。

★生産・構築コスト
　生産段階で発生する製品やサービスを作り上げるためのコスト。

★運用・支援コスト
　製品を販売するための広告宣伝活動や販売後のアフター・サービスなどによって発生するコスト。

★退役・廃棄コスト
　製品の生産や販売を終了した後に行われる関連施設の廃棄や関連サービスによって発生するコスト。

ライフサイクル・コスティング

よぶ。なお，産業廃棄物の中には自然環境にとって有害な物質も含まれているため，環境を保全するためのコストも退役・廃棄コストに含まれる。

以下に示す①〜⑩のコストを研究・開発コスト，生産・構築コスト，運用・支援コスト，退役・廃棄コストに分類しなさい。

①テレフォン・オペレーターへの賃金　②設計図作成費　③解体作業費
④製品の生産中止を伝える発送費　⑤販売促進費　⑥試作品作成費
⑦買入部品費　⑧廃棄場の有害物質除去費　⑨市場調査費　⑩外注加工費

☺解答へのアプローチ

①から⑩のコストがどのような業務によって発生するのか，そして，その業務が，"研究・開発"，"生産・構築"，"運用・支援"，"退役・廃棄"のどのカテゴリーに属するのかを考える。

[解　答]‥‥‥‥‥‥‥‥‥‥‥‥‥‥‥‥‥‥‥‥‥‥‥‥‥‥‥‥‥‥‥

研究・開発コスト：②，⑥，⑨

生産・構築コスト：⑦，⑩

運用・支援コスト：①，⑤

退役・廃棄コスト：③，④，⑧

3 各コストの関係

ライフサイクルの各段階にて発生するコストは，同時期に一斉に発生するわけではない。一般的に，各コストはライフサイクルの段階別に図表8-1のような発生形態を見せる。ただし，このような発生形態は受注生産品に強く見られ，連続生産品の場合，各段階のコストがより重複する傾向にある。

★ライフサイクル・コスティング

製品ライフサイクルの各段階で発生するコストを見積もり，ライフサイクル・コスト全体を最小化する手法。

図表8－1　典型的なライフサイクル・コストのビヘイビア

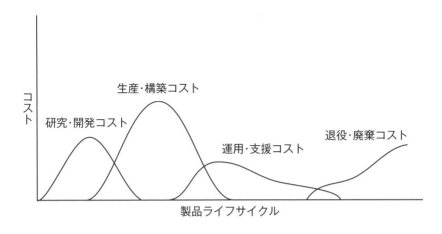

また，各コストの間にはトレード・オフの関係が生じる傾向にある。たとえば，製品の機能は維持しつつ，材料の消費量を抑え，加工の容易な設計にするために何度も試作品を作成すれば，その分，研究・開発コストは増加するであろう。しかし，その結果，材料費や仕損費といった生産・構築コスト，ならびに，退役・廃棄コストが抑えられる可能性がある。一方，生産・構築コストを抑えるべく安価な材料を用いた結果，製品に不具合が生じれば，修理や回収，廃棄に要する運用・支援コスト，ならびに，退役・廃棄コストの増加につながるかもしれない。このように，ある1段階のコストが増加しても，他の段階のコストが抑えられることもあれば，逆に，ある1段階のコストを抑えようとした結果，他の段階のコストが増加することもある。

しかも，ライフサイクルの早い段階での意思決定が，後の段階のコストを規定する傾向にある。一度，製品を生産し始めたら途中で製品設計や生産方

法は容易に変更できず，それらを変更できなければ，アフター・サービスや廃棄方法も従来どおりとならざるを得ないからである。

そのため，ライフサイクル・コスティングでは，各段階のライフサイクル・コストを個別に抑えようとする近視眼的な視点ではなく，各コスト間に生じるトレード・オフの関係や，ある段階の意思決定が他の段階のコストを規定してしまう点に注意し，ライフサイクル・コスト全体を抑えようとする大局的な視点が必要となる。特に，研究・開発段階における意思決定が，その後のライフサイクル・コストを規定する傾向が強く，この段階でのコストのかけ方が重要となる。

しかしながら，研究・開発コストをかければよいというわけでもない。生産・構築以降の段階にて発生するコストを抑える結果につながらない研究・開発コストのかけ方は，結果として，ライフサイクル・コストの増加につながる。重要な点は，ライフサイクル・コスト全体を最小化できるような，バランスのとれた各段階でのコストのかけ方を検討することにある。

なお，各コストの間にトレード・オフの関係が常に生じるわけではない。ある段階にコストをかけた結果，他の段階のコストも同時に増加することもあり得る。また，ライフサイクル・コストを求める場合，各段階のコストを単純に集計するのではなく，貨幣の時間価値を考慮することもある。

例題8－2

以下の①〜⑤の文を正しい文と誤りのある文に分け，その理由を考えなさい。

① 事業活動を継続しつつ，法律によって義務づけられている産業廃棄物処理に要するコストを抑えることはできる。

② 研究・開発コストが増加するのに伴い，その後の段階にて発生するコストも増加することがある。

③ 運用・支援コストのかけ方が，研究・開発コストや生産・構築コストに影響を及ぼすことはない。

④ 生産・構築コストを抑えることが，運用・支援コストの低下につながることはない。

⑤ 製品ライフサイクルのある段階のコストだけを抑えることはできる。

解答に示した理由は一例に過ぎない。他にも適当な理由はある。なお，ライフサイクル・コストを予測する際には，さまざまな業務の間に生じる因果の連鎖を考慮する点が重要である。

［解　答］‥‥‥‥‥‥‥‥‥‥‥‥‥‥‥‥‥‥‥‥‥‥‥‥‥‥‥‥‥‥‥‥‥‥‥‥‥

① 正しい。企業が産業廃棄物処理に要するコストを完全に回避することは不可能である。しかし，有害物質を発生しない材料の使用や，材料消費量を抑える工夫によって産業廃棄物処理に要するコストを減らすことはできる。

② 正しい。他社にはない製品を開発しようとするあまり，機能や設計が複雑になりすぎ，生産段階での仕損品や顧客からの問い合わせが増加するなどして，すべての段階のコストが共に増加することもある。

③ 誤り。ライフサイクルの後の段階でのコストのかけ方が，前の段階のコストを規定することもある。どのような運用・支援体制を築くのかにより，製品の仕様などが決まり，研究・開発のあり方が決まることもある。

④ 誤り。たとえば，仕損品が減少すれば生産・構築コストも減少するが，それに伴い，修理のための運用・支援コストも低下すると考えられる。

⑤ 正しい。他の段階のコストが変化しなくても，個別業務の改善により生産・構築コストや運用・支援コストだけが抑えられることはある。

4 消費者のライフサイクル・コスティング

　製品やサービスを購入する消費者のライフサイクル・コストとは，製品やサービスの購入から廃棄に至るまでに発生するすべてのコストである。たとえば，紙パック式掃除機を購入した場合，ゴミがたまれば紙パックの交換が必要であるから，それを購入しなければならない。そのため，紙パック式掃除機のライフサイクル・コストは，掃除機本体の購入価格と紙パックの総購入費用，また，電気代や寿命が来て廃棄するときに支払う諸費用となる。

　これらライフサイクル・コストは消費者が負担するため，消費者としては本体価格のみならず，その後のコストも考えて製品やサービスを選択するで

あろう。したがって，性能などが無差別であるならば，消費者は，自身が負担するライフサイクル・コストを把握し，経済的なライフサイクル・コストを達成する製品やサービスを選択するであろう。これが消費者のライフサイクル・コスティングである。

　企業にとっては，製品やサービスの価格を設定する際，消費者のライフサイクル・コストも重要な要因となる。製品やサービス自体の価格は，企業が負担するコストをベースとしているが，企業がコスト削減によって本体の価格を安くしたとしても，消費者が購入後に負担するコストが高くなれば，消費者はそのような製品やサービスを敬遠するかもしれないからである。消費者の支持を得る製品やサービスを販売するためには，その価格のみならず，消費者のライフサイクル・コストも考慮する必要がある。

応 用 word

★消費者のライフサイクル・コスト
　製品やサービスを購入してから廃棄するまでに消費者が負担するすべてのコスト。

練 習 問 題 8-1

　菓子を販売している当社は，新商品の販売を検討している。この商品はイベント開催に合わせた3カ月間の期間限定商品である。

　新商品のレシピ開発に担当者3人が延べ300時間を要した。なお，担当者の平均賃率は1,500円であった。そして，この間，30万円分の材料などを消費して試作品を作成した。また，調査会社に300万円を支払い，市場調査を依頼した結果，1カ月当たり5,000個の販売が見込まれている。

　この商品の1個当たり原価は100円であり，広告宣伝は店舗に貼るポスターだけとし300万円と見込まれている。また，今後の販売に活用できるようデータを収集するためにウェブ上でアンケートを行うことにした。ウェブサイト制作会社に5万円を支払い，専用ページの開設を依頼し，回答者の中から当選者には総額1万円分のクーポンを送ることにした。

　新商品用の金型代は300万円と見込まれている。なお，新商品の形状は特殊

であることから他の商品には転用できないため，販売期間終了後に廃棄する予定であり，金型の処分に10万円がかかると見込まれている。また，処分される金型は新商品用のポスターや包装用紙と併せてリサイクル業者に1万円で引き取ってもらう予定である。材料や売れ残りの商品は冷凍保存でき，販売期間終了後は他の商品に転用される。

新商品を5,000個生産する場合，この新商品に関わる研究・開発コスト，生産・構築コスト，運用・支援コスト，退役・廃棄コストを求めなさい。

⇒ 解答は146ページ

練習問題 8-2

ある人がインクジェット・プリンタとレーザー・プリンタのどちらを購入すべきか検討している。希望する機能を備えたプリンタの価格は，インクジェット・プリンタが10,000円，レーザー・プリンタが30,000円である。また，全カラーをセットにしたインクを購入するとして，インクジェット用のインクは1パック4,000円でプリント用紙50枚を印刷でき，レーザー用のトナーは1パック24,000円でプリント用紙1,000枚を印刷することができる。

この人が，常時，平均的にプリンタを使って印刷するとして，プリント用紙何枚分のときに各プリントのライフサイクル・コストが無差別になるか答えなさい。なお，プリント用紙代や電気代など他のコストはいずれのプリンタでも無差別なため，ここでは無視する。

⇒ 解答は147ページ

練習問題 8-3

当社は博覧会会場の建設を請け負い，2つの案（A案とB案）のうちいずれを選択すべきか検討している。いずれの案を採用しても，建設期間は1年間で，建設費用は建設開始と同時に現金支出費用となる。また，博覧会は1年間にわたり開催され，開催期間中に行われる建物のメンテナンスに費やされるメンテナンス費用は博覧会開始時に現金支出費用となる。さらに，博覧会終了後は建物を取り壊し，跡地を整地したうえで土地所有者に返却することになって

おり，取り壊し費用や整地費用は博覧会終了時に現金支出費用となる。

　A案の場合，現時点で保有する建設材のみを使用するが，博覧会終了後，建物はすべて取り壊され，廃材は処分される。各費用は以下のとおりである。

- 建設費用：1,000百万円
- 博覧会開催期間中のメンテナンス費用（総額）：50百万円
- 建物取り壊し費用：100百万円
- 廃材の処理費用：70百万円
- 整地費用：30百万円

　B案の場合，現時点で保有する建設材のほかに新たに建設材を調達するが，その建設材を用いた建物は博覧会終了後に土地所有者に売却され，売却額は博覧会終了時にキャッシュ・イン・フローとなる。各費用は以下のとおりである。

- 新しい材料の調達費用：70百万円
- 建設費用（上記の調査費用を除く）：1,100百万円
- 博覧会開催期間中のメンテナンス費用（総額）：30百万円
- 建物の取り壊し費用：50百万円
- 廃材の処理費用：30百万円
- 整地費用：20百万円
- 建物の売却額：100百万円

　割引率を10％とし，建設開始時点での各案のライフサイクル・コストを求めなさい。なお，割引計算にて端数が生じる場合，建設開始時に割り引いた段階で十万円単位の金額を四捨五入すること。

➡ 解答は147ページ

第 **9** 章

品質原価計算

学習のポイント

1 品質原価計算の目的と計算構造を理解する。

2 PAFアプローチの特徴と品質原価計算の原価分類について把握する。

1 品質原価計算の特徴

　現代の企業環境のもとでは，製品やサービスが顧客の期待水準に達していない場合には，企業の存続が危うくなってしまう。そのため，多くの企業では，不良品の発生を防止し，品質を向上させるためのさまざまな取組みを行い，そのために多額の費用をかけている。**品質原価計算**を活用することで，企業内の多様な部署で実施されている**品質保証活動費**（あるいは**製品品質関係費**）を把握し，その発生額を適切に管理しなければならない。品質保証活動費の管理に役立てるための原価計算手法が，品質原価計算である。

　品質保証活動は，購入部門，品質保証部門，工場生産管理部門，販売部門，試験研究部門など，数多くの部門が関与するクロスファンクショナルな活動である。そのため，品質原価計算には多くの部門が関係する。品質原価計算は，製品の品質そのものの原価を計算するのではない。また，品質保証部だけの部門費を測定するのでもない。

2 品質原価計算とPAFアプローチ

　品質原価計算では，PAFアプローチ（予防・評価・失敗アプローチ，Prevention-appraisal-failure approach）によって，品質保証活動費を分類する。

品質保証活動費は，まず，**品質適合コスト**と**品質不適合コスト**の2つに大別される。

❶ 品質適合コスト

品質適合コストは，製品の品質を品質規格に合致させるために企業が支払ったコストである。品質適合コストは，さらに，**予防原価**と**評価原価**に細分される。

予防原価とは，製品の規格に合致しない製品の生産，つまり，不良品の発生を予防するためのコストである。具体的には，品質保証教育訓練費，品質保証に関係する職場内の懇談会費，品質管理部門個別固定費，製品設計改善費，製造工程改善費などがあげられる。

評価原価とは，製品の規格に合致していない製品を発見するためのコストである。発生してしまった不良品を検出し，市場に出荷するのを未然に食い止めるために支出される。具体的な費目としては，購入材料の受入検査費，各工程における品質検査費，製品の出荷前検査費，自社製品出荷後のサンプリング調査費，時系列による品質調査費，他社製品の品質調査費などが含まれる。

❷ 品質不適合コスト

品質不適合コストとは，製品の品質を当初の品質規格に合致させられなかったために発生してしまったコストをいう。品質不適合コストは，企業の内部で生じたのか，外部で生じたのかによって，さらに，**内部失敗原価**と**外部失敗原価**に細分される。

内部失敗原価とは，工場内で発生する，部品，製品の仕損，補修のためのコストである。内部失敗原価の具体例は，廃棄処分された仕損品のために要した仕損費，不合格品を合格品に手直しするために要した手直費などである。

外部失敗原価は，欠陥製品を販売することによって発生するコストである。クレーム調査出張旅費，取替・引取運賃，返品廃棄処分費，損害賠償費，値引き・格下げ損失，製品補修費などが含まれる。企業のブランドイメージなどが低下した場合は，そのために生じた損失額も外部失敗原価に算入される

べきであるが，客観的な測定は困難である。

例題9－1

　以下の資料にもとづき，「予防・評価・失敗アプローチ」にもとづく，品質コストに関する実績報告書を完成させなさい。また，空欄①～③に適切な金額を記入しなさい。

[**資　料**]‥‥‥‥‥‥‥‥‥‥‥‥‥‥‥‥‥‥‥‥‥‥‥‥‥‥‥‥‥‥‥‥‥‥

（単位：万円）

	前期	当期
仕損費	2,200	1,000
返品廃棄処分費	300	200
工程完成品検査費	400	700
販売製品補修費	1,100	200
他社製品品質調査費	80	250
品質保証教育費	120	300
受入材料検査費	300	400
製品設計改善費	200	250
不良品手直費	500	350
品質保証活動費合計	5,200	3,650

品質コスト実績報告書　　　　　　　　　（単位：万円）

		前期	当期
品質適合コスト	予防原価		
	評価原価		
品質不適合コスト	内部失敗原価		
	外部失敗原価		
品質保証活動費合計		5,200	3,650

概況

　品質適合コストを前年度に比較し（　①　）万円増加させたことにより，品質不適合コストは，前年度比で（　②　）万円，減少させることができた。この結果，品質保証活動費の合計は，（　③　）万円，低減された。

101

😊 解答へのアプローチ

以下のような分類になる。

予防原価：品質保証教育費，製品設計改善費

評価原価：受入材料検査費，他社製品品質調査費，工程完成品検査費

内部失敗原価：不良品手直費，仕損費

外部失敗原価：販売製品補修費，返品廃棄処分費

① 品質適合コスト当期合計1,900万円 − 前期合計1,100万円 = 800万円

② 品質不適合コスト当期合計1,750万円 − 前期合計4,100万円 = −2,350万円

[解　答]⋯⋯⋯⋯⋯⋯⋯⋯⋯⋯⋯⋯⋯⋯⋯⋯⋯⋯⋯⋯⋯⋯⋯⋯⋯⋯⋯⋯⋯⋯⋯⋯⋯⋯⋯⋯⋯

品質コスト実績報告書　　　　　　　　　　（単位：万円）

		前期	当期
品質適合コスト	予防原価	320	550
	評価原価	780	1,350
品質不適合コスト	内部失敗原価	2,700	1,350
	外部失敗原価	1,400	400
品質保証活動費合計		5,200	3,650

①	800	②	2,350	③	1,550

3 品質原価計算の基本思考

　品質原価計算は，品質保証活動費を構成する４つのカテゴリー（予防原価，評価原価，内部失敗原価，外部失敗原価）の相互関係を把握するための計算技法である。上記の例題にも示されているように，４つのカテゴリーの間には，トレードオフの関係が想定される。一般には，品質適合コスト（＝予防原価＋評価原価）をかければかけるほど，品質不適合コスト（＝内部失敗原価＋外部失敗原価）を削減することができる。逆に，品質適合コストを節約しすぎると，巨額の品質不適合コストが発生してしまう可能性が生じる。品質適合コストと品質不適合コストの合計額が最小となる，最適な品質コストの水準を算出することが，品質原価計算の目的である。

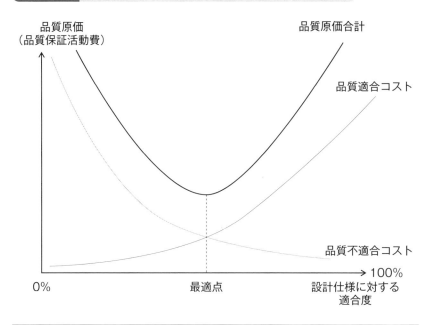

図表9－1 品質適合コストと品質不適合コストのトレードオフ

　品質原価計算の考え方は，多少の不良品の発生は許容しつつも，総額で品質コストを最小にできることを目指している。この点で，日本企業で実施されてきた，不良品を絶対に出してはならないとする **ZD（Zero Defect，不良品ゼロ）運動**などの考え方とは大きく異なっている。

　品質という言葉は，**設計品質**と**適合品質**の2通りの意味で区別されて用いられる場合がある。設計品質とは，製品に対する顧客の要求とその製品の設計仕様との適合度をいう。製造された製品がどの程度，設計仕様に合致しているかを示すのが適合品質である。品質原価計算で問題とされるのは，設計仕様と実際の製品品質とのずれである適合品質だけである。これに対して，経営問題として，ますます重要になっているのは，顧客の要求品質と設計仕様とのずれである設計品質である。設計品質については，品質原価計算の対象にはなっていない。

★品質保証活動費の分類

品質保証活動費＝品質適合コスト＋品質不適合コスト

　　　　　　＝（予防原価＋評価原価）＋（内部失敗原価＋外部失敗原価）

＊品質適合コストと品質不適合コストの間にはトレードオフ関係がある。

練習問題 9-1

　当社の品質原価に関する以下の資料を参照し，下記の文章の（　）内に適切な数値または語句を記入しなさい。

[資　料]……………………………………………………………………………………

（単位：万円）

	2019年度	2020年度
仕損費	400	600
製品出荷前検査費	2,000	1,200
損害賠償費	100	3,500
品質保証教育費	900	450
品質保証活動費合計	3,400	5,750

　2019年度と2020年度を比較すると，品質保証活動費は，2,350万円増加している。この内訳であるが，品質適合コストが（　①　）万円削減されたのに対して，品質不適合コストが（　②　）万円増加している。品質不適合コストのうち，特に増加が顕著なのは，（　③　）である損害賠償費である。

①		②		③	

➡ 解答は147ページ

当社は製品 A を製造販売しており，材料 a を主要材料としている。以下の資料にもとづいて，空欄に入る適切な金額または用語を解答しなさい。

[資　料]‥‥‥‥‥‥‥‥‥‥‥‥‥‥‥‥‥‥‥‥‥‥‥‥‥‥‥‥‥‥‥‥‥‥‥

1．製品 A の原価データ

直接材料費		2,000円
直接労務費	1,000円/時間 × 1 時間	1,000円
変動製造間接費	300円/時間 × 1 時間	300円
固定製造間接費	500円/時間 × 1 時間	500円
		3,800円

2．製造・販売状況

　製品 A は 1 個5,000円で販売しており，販売状況は好調である。製品 A に関する当社の年間生産能力は24,000個である。

3．品質管理状況

　現在，主要材料 a は品質に問題があり，製品 A の製造工程の終点で 2 ％が仕損となっている。この仕損品は，1,900円/個で売却処分されている。現在，特殊な検査装置を導入することで仕損の発生を 0 ％にすることが可能である。この検査装置のリース料は年間850,000円である。

　検査装置を導入する場合としない場合とを比較して，年間の評価原価の差額は（　①　）円である。年間の内部失敗原価の差額は（　②　）円である。年間の売上機会損失の減少額は（　③　）である。以上の結果から，検査装置をリースすることは，（　④　）円だけ，有利である。

①		②		③		④	

➡ 解答は148ページ

（右側余白）9　品質原価計算

原価企画・原価維持・原価改善

学習のポイント

1　標準原価計算の機能が低下した背景を理解する。
2　新しい原価管理の体系とは何か，それぞれの役割について把握する。
3　原価企画の特徴・本質について，理解する。
4　原価企画の実施プロセスについて，全体の流れを理解する。

1 標準原価計算の有効性低下と新たな原価管理体系

　伝統的には，原価管理に最も効果的な原価計算手法は，**標準原価計算**であると考えられてきた。標準原価計算が，原価管理に有効なのは，現時点でも間違いない。しかし，標準原価計算の有効性が低下していると最近では，考えられるようになった。

　標準原価計算による原価管理が有効に機能するためには，いくつかの前提条件がある。標準原価計算は，熟練労働者の課業管理を目的として考案された手法である。そのため，標準原価計算が効果を最大限に発揮するためには，①製造技術が安定的であること，②生産の担い手が熟練工中心であること，③量産する製品とその製品を生産するための製造技術が確定していることが重要な条件となる。つまり，標準原価計算は，安定的な製造環境で，労働者を管理するのに適しており，量産開始後に適用される原価計算手法である。

　その後，こうした標準原価計算に有利な条件が成り立たなくなった。①製造技術や情報処理技術の進歩するスピードが飛躍的に増加し，製品のライフサイクルが短縮化するなど，製造環境が以前ほど安定的ではなくなった。②生産の主たる担い手が熟練工から設備や機械に移行した。③こういった状況

下では，量産態勢に入る前の上流からの原価管理に取り組まざるを得ないが，標準原価計算が適用できるのは，設計図面や製造マニュアルが確定した，量産開始後でなければならない。

このような標準原価計算の原価管理機能低下に対応するため，**原価企画**，**原価維持**，**原価改善**の3つからなる新しい原価管理の体系が普及した。

原価企画とは，企画・開発段階で**目標原価**の達成をはかるために，設計図面や製造マニュアルを作成し，見直す活動である。新製品開発に際し，商品企画から開発終了までの段階において，**目標利益**を確保するために設定された目標原価の作り込みが行われる。

原価維持は，原価企画や原価改善によって設定された目標原価を，標準原価管理や予算管理によって維持することをいう。具体的には，設計図面や製造マニュアルが適切に実現されているかどうかをチェックし，問題があれば対策を講じる。

図表10-1 原価企画・原価維持・原価改善の相互関係

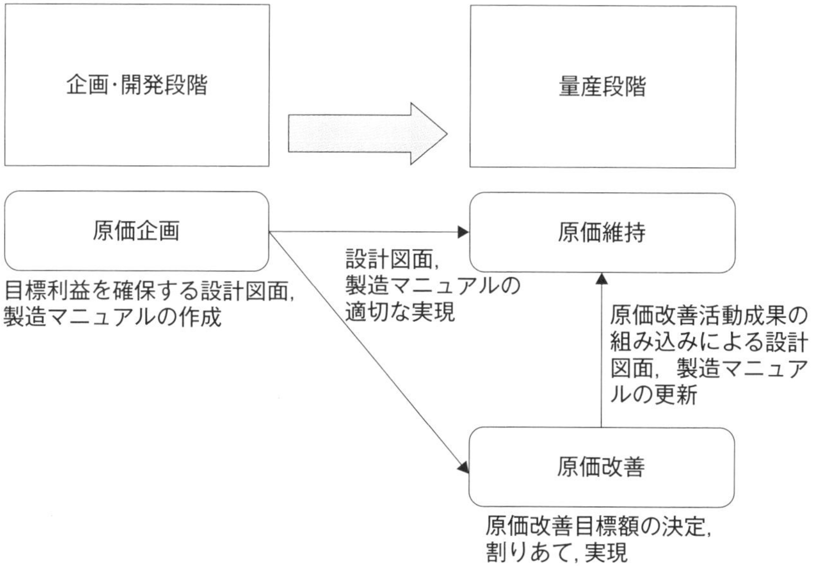

原価改善とは，長期ないし中期経営計画で策定された目標利益を実現するために，目標原価改善額を決定し，これを工場や工場内の各部門に割りあて，小集団活動による個別改善活動などを通じて原価改善目標を実現する取り組みをいう。原価改善の成果は，設計図面や製造マニュアルの更新という形で，原価維持活動に組み込まれる。

現在では，標準原価計算の役割は相対的には低下したが，新たな原価管理体系の中でも，なお重要な役割を果たしている。標準原価計算は，原価維持の局面において，有効に活用されている。

応用word

★原価管理の新しい体系
原価企画……企画・開発段階での目標原価の引き下げ・作り込み
原価維持……量産段階での目標原価の維持
原価改善……量産段階での目標原価の引き下げ

2 原価企画の特徴

原価企画は，トヨタ自動車が1960年代に独自に開発した，革新的な利益管理・原価管理方式である。その優れた効果のために，国内のみならず，海外企業にも急速に普及した。その特徴は，以下の３点に整理できる。

(1) 市場志向の原価計算
(2) 源流段階における目標原価の作り込み
(3) 原価削減の方法としてのVEの活用

❶ 市場志向による価格決定と許容原価の算定

原価企画の最大の特徴は，顧客の期待する製品属性とそれに見合った市場価格を最優先に考えて，管理活動を実行する点である。一般に，価格決定の方式には，コスト・ベースの価格決定とマーケット・ベース（市場志向）の価格決定の２つの方式が考えられる。

原価企画以前の伝統的な企業経営では，原価＋利益＝販売価格というコス

108

ト・ベースの価格決定アプローチが支配的であった。製品やサービスを製造し，顧客に販売するためにさまざまな活動を行い，そのために原価が発生する。発生した原価に十分な利益を確保するためのマーク・アップを加算して価格が決定される。製品やサービスを顧客に提供し，その対価として，売上高を得て，そこから原価を差し引いた最終的な結果として，利益が残るという考え方である。どのような製品が，いくらの価格であれば，顧客は喜んで買ってくれるかといった検討は事前には十分になされない可能性があった。

これに対して，原価企画では，顧客の希望する製品の品質，原価，納期（Quality, Cost, Delivery の略称をQCDという）を重視し，製品やサービスの性質から，いくらであれば顧客が買ってくれるかを最初に検討する。顧客が支払ってくれる予想競争市価は動かせないので，企業にとって必要な利益金額（所要利益）を稼ぎだすためには，予想競争市価－所要利益＝許容原価の式から，一定水準以下に原価の発生額を抑えなければならない。原価は発生するものではなく，製品の設計・開発段階で作り込むものだと考えるのが，発想の転換点として重要である。顧客のニーズを出発点として予想競争市価を推定し，そこから所要利益を控除して，**許容原価**を算定する。設計開発段階で，許容原価を達成できるような設計図面や製造マニュアルを工夫することによって，原価の発生額をコントロールし，結果的に所要利益を達成しようとする考え方である。この点から，標準原価計算が技術志向の原価管理システムであるのに対し，原価企画は市場志向の原価管理システムであると考えられている。

原価企画では，許容原価は目標原価ともいわれる。原則として，許容原価と目標原価は同じものとすべきである。しかし，実務上，設計段階で許容原価の達成が不可能な場合は，許容原価を実現可能な目標水準へと修正して新たな目標原価を設定することがありうる。その場合は，未達成額は量産段階での原価改善活動によって削減される。

❷ 源流管理

原価企画は，源流管理の手法である。企業の製造・販売プロセスを川の流れにたとえる場合がある。川上から川下に向かって水が流れるように，企業

商品企画	製品企画	製品設計	生産準備	製造 (量産)	販売

量産開始以前(源流管理)　　　　　　　量産開始後

上流(源流)　　　　　　　　　　　　　　　　　　下流

の製造販売プロセスは，上流（源流）から下流に向かって，企画，設計，試作，工程準備，製造（量産），販売，アフターサービスとなる。一般的に，誤差や欠陥は，最初のうちに修正したほうが，影響が少なくて済む。企業経営においても，原価低減のための努力は，製品の設計，生産準備の段階でのほうが，量産開始以降よりも効果が高いことが知られている。

　量産段階で原価を削減しようとしても，大幅な削減は難しい。多くの原価は，製造段階で発生するが，原価の大部分は設計段階で，その発生額が決まっている。原価発生額と原価決定額の関係を概念的に示せば図表10−3のようになる。製品の材料費が発生するのは製造段階においてであるが，どの部品や材料をどれほど費やすかは，設計図によって決定してしまっており，量産段階で大幅な変更を加えることは，通常はできないし，効率的でもない。

　原価企画は，以下のような手続きで進められる。

①　顧客にとって魅力的な製品を企画・設計する。

②　製品の予想競争市価から所要利益を差し引いて許容原価を計算し，これを達成目標と定める。これと並行して，現在の設計図面や製造マニュアルを前提として，その製品を製造・販売するために要する原価（これを**成行原価**という）を見積もる。目標原価と成行原価とを比較して，次頁の式から，原価の削減目標額を計算する。

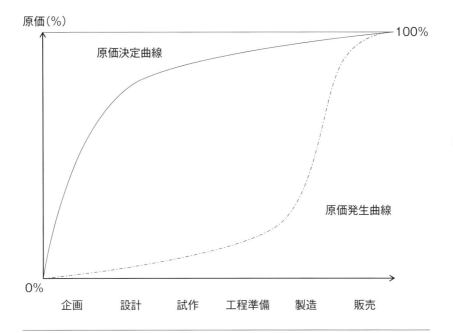

原価(%)

原価決定曲線

100%

原価発生曲線

0%

企画　　　設計　　　試作　　工程準備　　製造　　　販売

目標原価(許容原価)－成行原価＝原価削減目標額

　③目標原価を設計担当者に伝達し，その達成に向けての努力が行われる。目標原価は，機能別，費目別に展開される。原価を削減し，目標原価を達成するための具体的な施策としては，**価値工学**（Value Engineering，**VE**）が活用される。

❸ 原価削減の方法としてのVEの活用

　原価企画では，原価削減を実現する手段として，VEの技法が活用される。VEとは，製品やサービスの「価値」を，それが果たすべき「機能」とそのためにかける「コスト」との関係で把握し，さまざまな工夫によって，「価値」の向上をはかる手法である。この場合の価値は，以下の式で定義される。

$$価値(Value) = 機能(Function) \div 原価(Cost)$$

原価企画において目標原価を達成するために行われる原価削減活動では，VEが非常に大きな役割を果たしている。

V（価値）を上げるためには，以下の4通りの方法が考えられる。

① C（原価）をそのままにしてF（機能）を上げる。

② F（機能）をそのままにしてC（原価）を下げる。

③ F（機能）を上げて，同時にC（原価）も下げる。

④ C（原価）を上げて，F（機能）を原価の上昇以上の割合で上げる。

強度や精度が十分に確保できることを確認したうえで，材料を高価な金属から安価で加工が容易なプラスティック，アルミなどに変更する場合などが典型的な②の例である。

③ 原価企画の実施プロセス

原価企画活動は，以下のようなプロセスで実施される。

図表10-4で，DR1〜4とあるのは，設計審査（design review，DR）が繰り返し実施されることを表している。また，商品企画から生産準備までの開発期間を短縮し，組織内での情報共有や情報伝達を促進するために，設計部門を中心に，生産管理，購買，品質保証，経理などの関連部門の代表者が集

図表10-4 原価企画の実施プロセスの具体例 ─────

実施プロセス	実施内容	コンカレント活動
商品企画	開発テーマの検討・決定 商品企画の検討・決定	CER1
製品企画	製品化日程検討，顧客の要求性能， 製品品質目標確認（DR1），研究試作設計	CER2
製品設計	製品企画審査（DR2） 製品化試作設計・評価	
生産準備	設計審査（DR3），生産化の検討・決定， 工程検討，工程審査（DR4）	

まって，同時並行的な開発活動を行う。これを**コンカレント・エンジニアリング**（concurrent engineering, **CE**）という。図中のCER（CE Review の略）１～２は，次のステップへ移行してもよいかの確認作業が行われていることを示している。

　このように，原価企画は，新製品開発プロジェクトとして，設計，生産技術，購買，製造，販売，経理など関係各部門から専門家が集められ推進される。各プロジェクトには，プロジェクトの活動全体を統括する**プロダクト・マネジャー**（**PM**, Product Manager，主管あるいは主査などともいう）が置かれ，各部門の協力のもとに職能横断的なチーム活動としての原価企画が実施される。

例題10−1

　当社では，現在，新製品の開発を行っている。以下の資料にもとづき，製品単位当たりの(1)許容原価，(2)成行原価（原価低減活動実施前），(3)「許容原価を目標原価とした場合の目標原価の未達成金額」を求めなさい。なお，当社では目標原価の作り込み活動は，全部原価計算方式により，製造原価に販売費および一般管理費までを含めた総原価によって行っている。

　１．商品企画に関する資料

新製品の販売価格	210円/個
新製品の予定販売数量	100,000個
新製品に関する目標営業利益	6,000,000円

　２．現在の諸条件からの見積総原価

直接材料費	8,000円/kg×0.01kg＝80円/個
直接労務費	1,000円/h×0.04h＝40円/個
変動販売費	8円/個
製造間接費	2,000,000円
固定販売費・一般管理費	3,600,000円

　３．原価低減方法

(a)　現行の材料を，必要とされる機能を果たせることを確認したうえで，より安価な素材に変更する。新素材の価格は，6,000円/kg であり，製品１個当

113

たり0.01kgを投入する。なお，この素材は加工がしやすいため，直接作業時間が，1個当たり0.04時間から0.03時間に短縮できる。

(b) 包装用材料を安価で軽量なものに変更する。その結果，変動販売費が1個当たり1円削減できる。

(c) 生産設備を改良することにより，製造間接費が総額で100,000円削減できる。

😊解答へのアプローチ

(1) 単位当たりの許容原価の計算

売上高2,100万円（＝210円/個×100,000個）－目標利益600万円＝1,500万円

1,500万円÷100,000個＝150円/個

(2) 単位当たりの成行原価

直接材料費800万円＋直接労務費400万円＋製造間接費200万円＋変動販売費80万円＋固定販売費・一般管理費360万円＝1,840万円

1,840万円÷100,000個＝184円/個

(3) 単位当たりの目標原価の未達成金額

原価低減方法を考慮した結果，総原価は以下のように変化する。

直接材料費600万円＋直接労務費300万円＋製造間接費190万円＋変動販売費70万円＋固定販売費・一般管理費360万円＝1,520万円

1,520万円÷100,000個＝152円/個

152円/個－150円/個＝2円/個

［解　答］……………………………………………………………………………

(1) 製品単位当たり許容原価　150円/個

(2) 製品単位当たり成行原価　184円/個

(3) 目標原価未達成金額　　　2円/個

練習問題 10-1

次の文章中の①から④に適当な語句を入れて文章を完成させなさい。

近年，効果的な原価管理のための取り組みとして注目されるようになった手法に（　①　）がある。（　①　）は，新製品を開発する際に，製品企画から開発終了までの，量産開始以前の段階で目標利益を確保するために設定された目標原価を作り込む活動のことである。

目標原価の作り込み活動とは，まず，製品企画段階において，新たに導入される製品の属性をもとに予想競争市価を確定する。予想競争市価に販売数量の見積もりを掛け合わせて，売上高目標を策定する。売上高目標から，企業にとって必要な目標利益金額を差し引いて（　②　）を計算する。次に，製品企画段階において，（　②　）と現行の設計図と製造マニュアルを前提とした場合に発生すると予想される見積原価である（　③　）とを比較し，原価低減目標を定める。原価を削減する具体的な方法として，（　④　）が実施される。

①		②		③		④	

➡ 解答は149ページ

練習問題 10-2

新製品の予定販売価格は，製品の競争力を考慮して，500円/個と予定されている。また，製品1個当たりの目標利益は売上高粗利益率（売上高売上総利益率）ベースで20％が必要だと全社的に考えられている。現行の設計図面と製造マニュアルから見積もった成行原価（製造原価）は，430円/個であり，目標原価に到達していない。生産準備までの段階で，製品1個当たり，直接材料費で8円/個，直接労務費10円/個，製造間接費で3円/個の原価低減の可能性が確認された。量産段階に入ってからの原価改善活動によって，削減すべき目標金額（製品1個当たり）を算定せよ。

製品1個当たり原価削減目標額	円/個

➡ 解答は149ページ

第11章 活動基準原価計算

学習のポイント

1　活動基準原価計算（ABC）が要請されるようになった背景，企業環境の変化について理解する。

2　活動基準原価計算の計算構造について，伝統的原価計算との違いをふまえて，理解する。

3　活動基準原価管理（ABM）とは何かを，活動基準原価計算と関係づけて，理解する。

1 活動基準原価計算（ABC）とは何か

　活動基準原価計算（ABC, activity-based costing）は，企業環境の変化により，伝統的原価計算が陳腐化したため，1980年代のアメリカで開発された原価計算である。この原価計算の主な目的は，正確な製品原価を算定し，適切なプロダクト・ミックスや販売価格を決定することにあった。

　活動基準原価計算では，まず原価（製造間接費）を，経済的資源を消費する活動に跡付け，次いでその原価を活動から生みだされた原価計算対象へ割り当てるという計算方法を実行する。伝統的な原価計算と比較すると次のように異なっている。

　伝統的な原価計算では，すべての製造間接費は，いったん製造部門に集計され，各製造部門から，操業度関連の配賦基準によって製品に配賦される。部門別計算を採用している場合は，製造間接費は補助部門にも集計されるが，製品別計算のためには，すべて製造部門に再集計される。ここで，操業度関連の配賦基準とは，直接作業時間，機械作業時間など，製造活動の量自体を

116

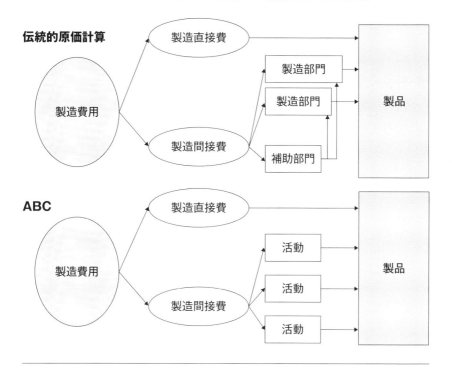

表す尺度をいう。操業度関連の配賦基準は，製造活動の複雑さを反映していないことに注意しなければならない。

　伝統的な原価計算システムによる製品原価情報が不正確だと批判されるようになったのは，以下の理由からである。

❶ 原価構造の大幅な変化

　19世紀後半から20世紀の初頭にかけて，米国製造業で原価計算システムが導入された際は，直接労務費が50％以上を占めていた。直接材料費の占める割合も大きく，製造間接費の割合は，相対的に小さかった。このような原価構造を前提として，原価計算システムが開発されたため，製品へ製造間接費を配賦する基準として，直接労務費基準，直接作業時間基準，生産量基準などの操業度関連の配賦基準が多く利用された。最近では，工場の機械化が進

展し，直接労務費の割合が10%を切り，5％未満になる企業もまれではなくなった。構成比の小さな直接労務費を基準として，製造間接費を配賦すると大きな誤差が生じやすい。

❷ 製品の多様化と製造工程の複雑化による生産・販売支援活動費の増大

工場が自動化されるのにともなって，製造間接費の割合が大幅に増加した。また，製品の多様化と製造工程の複雑化によって，業務そのものの量には直接比例せず，業務の複雑さによってもたらされる，生産・販売支援活動費が増加した。

伝統的な原価計算で操業度関連の配賦基準を用いた場合，多くの製造支援活動を必要とする特殊な少量生産の製品と支援活動をあまり必要としない大量生産の標準製品との間で，両者の資源消費量の差を正確に把握できない。加工の容易な大量生産品が，複雑な少量生産品のコストを肩代わりする結果に陥ってしまう。少量生産の製品が，採算の合わない，安い価格で市場に供給される一方で，大量生産の製品が，市場の価格競争に対抗できず，撤退に追い込まれる状況を招いた。

2 活動基準原価計算の計算例題と計算プロセス

例題11－1

当工場では，主力製品Ａ，Ｂおよび特殊受注製品Ｃを生産・販売している。かねてより製品単位当たり総原価の算定にあたり，製造間接費，販売費及び一般管理費については各製品品種別直接作業時間による予定配賦を実施してきた。

1．製品単価当たり製造直接費に関する年間予算資料

	製品Ａ	製品Ｂ	製品Ｃ
直接材料費	1,500円	1,600円	2,000円
直接労務費	0.6時間	1.1時間	0.8時間

（注）　直接工の賃率は1,500円/時間である。なお，段取作業時間は，上記直接作業時間には含まれていない。

＊予算販売単価と年間予算売上高

　製品 A，B，C の予算販売単価はそれぞれ4,000円，8,000円，5,000円であり，製品 A，B，C の年間計画生産・販売数量は以下のとおりである。販売数量と生産数量は一致させ，在庫水準は変動しない計画である。

	製品A	製品B	製品C
年間販売数量	7,000個	2,000個	1,000個

＊製造間接費，販売費及び一般管理費の年間予算総額

　製造間接費，販売費及び一般管理費の年間予算総額は，7,200,000円であるが，これを活動別に集計したところ以下のように集計された。

		金額
①	機械作業コスト・プール	1,800,000円
②	段取作業コスト・プール	350,000
③	生産技術コスト・プール	1,200,000
④	材料倉庫コスト・プール	785,000
⑤	品質保証コスト・プール	
⑤-1	製品 C 専用検査機械減価償却費	85,000
⑤-2	その他の品質保証費	220,000
⑥	包装出荷コスト・プール	600,000
⑦	管理活動コスト・プール	2,160,000
		7,200,000円

＊活動基準原価計算によるコストの製品別集計

　これらのコストを製品 A，B，C に賦課するには，直接に製品品種に跡付けられるコストは直課し，その他のコストは，下記の中から適切なものを選んで配賦する。ただし，管理活動コスト・プールには適切な基準がないので，直接作業時間を基準として採用する。

　なお，コスト・ドライバーのデータで，製品単位当たりのデータ以外は，すべて当期の合計データである。なお，？の部分は各自計算すること。

	製品A	製品B	製品C
直接作業時間	？	？	？
段取時間 （＝段取回数×1回当た り段取時間）	16時間	24時間	40時間
製品仕様書作成時間	200時間	250時間	350時間
機械運転時間	1.0時間/個	1.5時間/個	2.0時間/個
直接材料出庫金額	？	？	？
抜取検査回数	16回	24回	4回
出荷回数	8回	12回	40回

問1　上記の資料にもとづき，⑴直接作業時間による製造間接費，販売費及び一般管理費の製品品種別配賦計算をしていた場合と⑵活動基準原価計算を導入した場合の2つのケースについて，各製品の単位当たり総原価と製品単位別の年間営業利益総額を計算せよ。製品単位当たり総原価の算定の際に端数が生じる場合は，小数第3位を四捨五入すること。

問2　次の文章中の（　）内に適切な金額または用語を記入しなさい。

　　　伝統的原価計算によって製品品種別に計算した単位原価から，活動基準原価計算によって計算した製品品種別の単位原価を差し引くと製品品種別の原価の歪みが判明する。この単位当たりの原価の歪みに製品の販売数量をかけると，製品間で原価の内部補助がどれだけ行われていたかが明らかとなる。

　　　製品Cは，伝統的原価計算では，総額で（　①　）円も原価が（　②　）に計算されている。これに対して，製品Aは（　③　）円，製品Bは（　④　）円も原価が（　⑤　）に計算されている。なお，これらの原価の歪みを合計すれば，その合計額は（　⑥　）となる。

問1

(1) 直接作業時間基準での製品原価算定

直接作業時間基準で製造間接費，販売費及び一般管理費を配賦する。各製品の販売数量に直接作業時間を乗じて直接作業時間の合計を計算する。

	製品A	製品B	製品C
販売数量	7,000個	2,000個	1,000個
直接作業時間	0.6時間/個	1.1時間/個	0.8時間/個
直接作業時間	4,200時間	2,200時間	800時間

直接作業時間の合計7,200時間で製造間接費，販売費及び一般管理の年間予算7,200,000円を除して，1,000円/時間の配賦率が求められる。これを用いて，各製品の総原価を計算すると以下のようになる。

	製品A	製品B	製品C
直接材料費	1,500円/個	1,600円/個	2,000円/個
直接労務費	900円/個	1,650円/個	1,200円/個
製造間接費，販売費及び一般管理費	600円/個	1,100円/個	800円/個
総原価	3,000円/個	4,350円/個	4,000円/個

販売単価に販売数量を乗じて売上高を算出し，総原価を控除して営業利益を算出する。

	製品A	製品B	製品C
販売数量	7,000個	2,000個	1,000個
販売価格	4,000円	8,000円	5,000円
総原価（単価）	3,000円	4,350円	4,000円
売上高	28,000,000円	16,000,000円	5,000,000円
総原価（総額）	21,000,000円	8,700,000円	4,000,000円
営業利益	7,000,000円	7,300,000円	1,000,000円

(2) 活動基準原価計算での製品原価算定

　各コスト・プール別に適切な活動ドライバーを選択する。それらを配賦基準として各コスト・プール別にそれぞれの原価を各製品に集計する。

		原価合計 (単位：円)	活動ドライバー	活動ドライ バー合計	配賦率
①	機械作業	1,800,000	機械運転時間（時間）	12,000	150円/時間
②	段取作業	350,000	段取時間（時間）	80	4,375円/時間
③	生産技術	1,200,000	製品仕様書作成時間（時間）	800	1,500円/時間
④	材料倉庫	785,000	直接材料出庫金額（円）	15,700,000	0.05円/円
⑤-1	品質保証	85,000	製品Cに直課	1	85,000円
⑤-2	品質保証	220,000	抜取検査回数（回）	44	5,000円/回
⑥	包装出荷	600,000	出荷回数（回）	60	10,000円/回
⑦	管理活動	2,160,000	直接作業時間（時間）	7,200	300円/時間

　計算結果は以下のようになる。

（単位：円）

		製品A	製品B	製品C	合計
①	機械作業	1,050,000	450,000	300,000	1,800,000
②	段取作業	70,000	105,000	175,000	350,000
③	生産技術	300,000	375,000	525,000	1,200,000
④	材料倉庫	525,000	160,000	100,000	785,000
⑤-1	品質保証			85,000	85,000
⑤-2	品質保証	80,000	120,000	20,000	220,000
⑥	包装出荷	80,000	120,000	400,000	600,000
⑦	管理活動	1,260,000	660,000	240,000	2,160,000
合計		3,365,000	1,990,000	1,845,000	7,200,000

　製造直接費については，条件は変わらないので，総原価（単価および総額）と営業利益が以下のように計算できる。

（単位：円）

	製品A	製品B	製品C
売上高	28,000,000	16,000,000	5,000,000
総原価（総額）	20,165,000	8,490,000	5,045,000
営業利益	7,835,000	7,510,000	−45,000
総原価（単価）	2,880.71	4,245.00	5,045.00

[解　答]⋯⋯

問1

(1)　直接作業時間基準

	製品A	製品B	製品C
単位当たり総原価	3,000円/個	4,350円/個	4,000円/個
年間営業利益総額	7,000,000円	7,300,000円	1,000,000円

(2)　活動基準原価計算

	製品A	製品B	製品C
単位当たり総原価	2,880.71円/個	4,245円/個	5,045円/個
年間営業利益総額	7,835,000円	7,510,000円	−45,000円

問2

①	1,045,000	②	過少（過小）	③	835,000
④	210,000	⑤	過大	⑥	0

3 活動基準原価管理（ABM）とは何か

　活動基準原価計算は正確な製品原価の算定に主眼を置いていたが，活動基準原価計算から得られる原価情報を用いて，生産・販売活動の継続的改善をはかる取り組みが実施されるようになった。これを**活動基準管理**（ABM, activity-based management）という。ABCとABMをあわせて**活動基準会計**（**ABC/ABM**）とよぶこともある。

　伝統的な原価計算では，原価管理のために原価を部門に集計する。活動基準原価計算では，組織内の活動が最初の集計単位になっている。個々の活動にどれだけのコストがかかっているかが可視化されることから継続的改善に有用であることが次第に明らかとなった。活動基準管理（ABM）では，企業の活動を顧客の視点から見直し，顧客にとっての価値を生み出さない**非付加価値活動**を除去し，**付加価値活動**のみを効率的に実施できるように継続的原価改善が推進される。

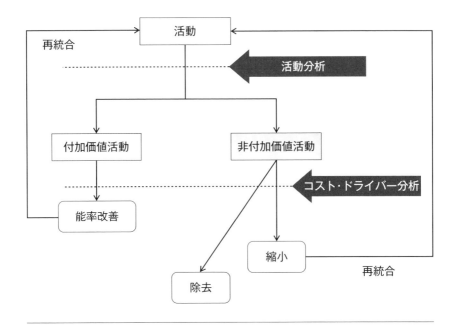

図表11－2 活動分析とコスト・ドライバー分析

活動基準管理では，**活動分析**と**コスト・ドライバー分析**が重要である。活動分析は，以下のようなステップで実施される。

① 活動分析の対象となる，それぞれの活動の目的は何か。顧客（次工程のような内部顧客も含む）の観点から，その活動に何を期待しているかを明らかにする。

② 分析対象となる活動の内容と作業時間を記録する。

③ それぞれの活動を付加価値活動と非付加価値活動に分類する。

④ 非付加価値活動は，これを除去または削減する。付加価値活動については，より能率よく実施できるように継続的に改善し，必要があれば複数の活動を見直し，再結合する。

　非付加価値活動には，以下のようなものが含まれる。

・原材料，仕掛品，製品の貯蔵活動

・材料，部品，仕掛品の運搬活動

・段取時間

- 不良品の手直
- 部品待ち，指示待ち

　活動自体の能率を改善させるために，コスト・ドライバー分析が実施される。コスト・ドライバーとは，原価の発生額に影響を及ぼす要因をいう。それぞれの活動に費やされる資源がどのように決定されているかが，コスト・ドライバー分析によって明らかにされることで，より経済的な資源消費が可能となる。

応用 word

★2つの活動基準会計

　活動基準原価計算（ABC）：正確な製品原価算定によって適切な意思決定を導く。

　活動基準原価管理（ABM）：活動に集計された原価情報によって，内部プロセスの改善を図る。

練習問題 11−1

　受注生産を行う A 工場は ABC（活動基準原価計算）を採用しており，直接材料費を除くコストを次のように4つの活動に集計して，各注文品に配賦している。

	コスト・ドライバー	ドライバー当たりコスト
材料取扱	材料重量（kg）	200円
段取	段取回数（回）	5,000円
加工	生産数量（個）	50円
包装・出荷	注文回数（回）	1,200円

　A 工場は，製品 P と製品 Q を製造・販売するが，注文を受けてから製造を行い，通常1回の段取で製品 P は500個，製品 Q は200個を生産している。つまり，製品 P であれば，注文数量が500個に到達してから生産している。包装・出荷も製品別に行っている。したがって，同一の顧客からの注文であっても製品 P と製品 Q の注文が含まれる場合，包装・出荷費は2回分を賦課することになる。

さて得意先のB商店から，製品Pを120個，製品Qを50個の注文があった。
以下の問に解答しなさい。製品Pと製品Qの1個当たり直接材料費はそれ
ぞれ100円と250円，1個当たり材料重量はそれぞれ0.4kgと1.3kgである。

問1 B商店に出荷する製品（P製品120個，Q製品50個）の原価はいくらか。

問2 B商店に出荷する製品について，特別な加工を施してほしいという依頼
があった場合，B商店に出荷する製品（P製品120個，Q製品50個）の原
価はいくらになるか。ただし，特別な加工のためには，追加的な材料も加
工時間も必要ないが，特別な加工を実施するための特別な段取作業が必要
となる。

⇒ 解答は149ページ

1級工業簿記・原価計算 下巻
練習問題 解答・解説

損益計算書（全部原価計算）

（単位：円）

売上高	(30,000,000)
標準売上原価	(20,000,000)
標準売上総利益	(10,000,000)
標準製造原価差異	(58,500)
実際売上総利益	(9,941,500)
実際変動販売費	(1,002,500)
実際固定販売費及び一般管理費	(2,000,000)
実際販売費及び一般管理費合計	(3,002,500)
実際営業利益	(6,939,000)

損益計算書（直接原価計算）

（単位：円）

売上高	(30,000,000)
標準変動売上原価	(15,000,000)
標準変動販売費	(1,000,000)
標準変動費合計	(16,000,000)
標準貢献利益	(14,000,000)
標準変動製造原価差異	(300,000)
変動販売費予算差異	(2,500)
標準変動原価差異合計	(302,500)
実際貢献利益	(13,697,500)
実際固定加工費	(4,008,500)
実際固定販売費及び一般管理費	(2,000,000)
固定費合計	(6,008,500)
実際営業利益	(7,689,000)
直接原価計算方式の実際営業利益	(7,689,000)
固定費調整 （－）	(750,000)
全部原価計算方式の実際営業利益	(6,939,000)

解　説

　全部原価計算と直接原価計算の違いを理解するための基本的な問題である。与えられた条件を組み合わせて，標準製造原価差異や実際変動販売費，実際固定加工費などを算出することができるかどうかが，1つのポイントである。また，全部原価計算と直接原価計算との大きな違いを象徴する固定費調整が行えるかどうかが，もう1つの重要なポイントとなる。

① 標準製造原価差異

　全部原価計算の標準製造原価差異は，標準変動製造原価差異と固定加工費予算差異と操業度差異からなっている。標準変動製造原価差異と固定加工費予算差異は，問題中に与えられている。操業度差異は，以下の式で計算できる。

　　　操業度差異＝（正常生産量－実際生産量）×単位当たり固定加工費

　　　　　　　　＝（8,000個－8,500個）×500円/個＝－250,000円

　　　標準製造原価差異＝標準変動製造原価差異＋固定加工費予算差異

　　　　　　　　　　　　＋操業度差異

　　　　　　　　　　　＝300,000円＋8,500円－250,000円＝58,500円

② 実際変動販売費

　実際変動販売費は，標準販売変動費と変動販売費予算差異からなる。

　　　100円×10,000個＋2,500円＝1,002,500円

③ 実際固定加工費

　実際固定加工費は，製造固定費予算額と固定加工費予算差異からなる。

　　　4,000,000円＋8,500円＝4,008,500円

④ 固定費調整

　期首および期末に仕掛品がないので，製品に含めるべき固定費だけを考えればよい。

　　　直接原価計算による実際営業利益＋期末製品中に含めるべき固定製造原

　　　　価－期首製品中に含まれる固定製造原価

　　　　＝直接原価計算による実際営業利益＋（期末製品有高－期首製品有高）

　　　　　×製品1個当たり固定製造原価

　　　　＝直接原価計算による実際営業利益＋期末在庫増加・減少量×固定費率

＝直接原価計算による実際営業利益＋（当期生産量－当期販売量）
　　×固定費率
＝全部原価計算による実際営業利益

であるから，固定費は以下のように調整される。

7,689,000円＋（8,500個－10,000個）×4,000,000円÷8,000個

－7,689,000円－750,000円＝6,939,000円

練習問題 1-2

問1

損益計算書（全部原価計算）

（単位：円）

	20X0年度	20X1年度	20X2年度
売上高	12,750,000	12,750,000	12,000,000
差引：売上原価			
期首製品有高	0	550,000	0
当期完成品製造原価	9,900,000	8,800,000	9,900,000
計	9,900,000	9,350,000	9,900,000
期末製品有高	550,000	0	1,100,000
売上原価	9,350,000	9,350,000	8,800,000
製造間接費配賦差異	300,000	600,000	300,000
修正売上原価	9,650,000	9,950,000	9,100,000
売上総利益	3,100,000	2,800,000	2,900,000
差引：販売費及び一般管理費			
変動販売費	1,700,000	1,700,000	1,600,000
固定販売費及び一般管理費	500,000	500,000	500,000
販売費及び一般管理費合計	2,200,000	2,200,000	2,100,000
営業利益	900,000	600,000	800,000

損益計算書（直接原価計算）

（単位：円）

	20X0年度	20X1年度	20X2年度
売上高	12,750,000	12,750,000	12,000,000
売上原価			
期首製品有高	0	400,000	0
当期完成品変動製造原価	7,200,000	6,400,000	7,200,000
計	7,200,000	6,800,000	7,200,000
期末製品有高	400,000	0	800,000
変動売上原価	6,800,000	6,800,000	6,400,000
変動販売費	1,700,000	1,700,000	1,600,000
変動費合計	8,500,000	8,500,000	8,000,000
貢献利益	4,250,000	4,250,000	4,000,000
差引：固定費			
製造固定費	3,000,000	3,000,000	3,000,000
固定販売費及び一般管理費	500,000	500,000	500,000
固定費合計	3,500,000	3,500,000	3,500,000
営業利益	750,000	750,000	500,000

問2

① ア　販売　　イ　生産　　ウ　製造固定費　　エ　期末製品棚卸高
　オ　150,000　カ　全部　　キ　直接　　ク　過大
② ケ　生産　　コ　販売　　サ　期首製品棚卸高　　シ　製造固定費
　ス　150,000　セ　全部　　ソ　直接　　タ　過小

問3

ア　300,000　　イ　増加

（解説）

問1

　全部原価計算の損益計算書の作成に際しては，製造間接費配賦差額を把握する必要がある。この問題では，操業度差異だけが発生しているため，配賦

差額は正常生産量と実際生産量の差に固定費率を乗じて求めることができる。

問2

　この問題では原価差異は売上原価に加減して調整するので，原価差異部分は全部原価計算でも直接原価計算でも当期の費用となるため，両原価計算方式の営業利益に違いをもたらさない。そのため，この問題においては，全部原価計算と直接原価計算の営業利益の差は，製品の期末在庫の増加分（生産量＞販売量の場合）または減少分（生産量＜販売量の場合）に含まれる製造固定費予算部分のみにより生じている。

　各年度の期末製品在庫増減分の製造固定費額は，（生産量－販売量）×製造固定費総額÷正常操業度で計算でき，以下のとおりとなっている。

　　20X0年度：（9,000個－8,500個）×3,000,000円÷10,000個＝150,000円

　　20X1年度：（8,000個－8,500個）×3,000,000円÷10,000個＝－150,000円

　この結果，20X0年度と20X1年度は全く同じ売上高であるにもかかわらず，全部原価計算方式の営業利益は大きく減少し，20X0年度には全部原価計算方式の方が直接原価計算方式の営業利益よりも大きく，逆に20X1年度には全部原価計算方式の方が直接原価計算方式の営業利益よりも小さくなっている。

　なお，期末製品在庫の各年度における増減分を図で示すと次のようになっている。

20X0年度

| 実際生産量
9,000個 | 期末有高
500個 | 増加在庫
500個 |
| | 実際販売量
8,500個 | |

20X1年度

| 期首有高
500個 | 実際販売量
8,500個 | 減少在庫
500個 |
| 実際生産量
8,000個 | | |

問3

　20X2年度の販売量は変わらないと仮定したうえで，生産量を現在の9,000個から正常操業度の10,000個まで増加させると，売上原価に加えて調整していた操業度差異がゼロとなる一方，現在の操業度差異300,000円が追加的に増える期末在庫製品1,000個の製造固定費として次期以降に貯えられる。その結果，全部原価計算方式における営業利益は現在よりも300,000円分増加する。すでに全部原価計算の営業利益は直接原価計算の営業利益よりも大きいので，両原価計算方式による営業利益の差は，300,000円分増加することになる。

練習問題 2-1

① 10,000個　　② 20,000,000円　　③ 17,000個　　④ 66.7%

⑤ 3　　⑥ 23,000,000円　　⑦ 8,000個　　⑧ 9,000個

解説

① 損益分岐点販売量＝固定費÷(販売価格－製品1個当たり変動費)

　　　　　　＝(30,000,000円＋7,100,000円＋2,900,000円)÷(10,000円

　　　　　　－4,800円－1,200円)＝40,000,000円÷4,000円

　　　　　　＝10,000個

② 予測営業利益＝貢献利益－固定費

　　　　　　＝(10,000円－6,000円)×15,000個－40,000,000円

　　　　　　＝20,000,000円

③ 営業利益28,000,000円をあげるための必要販売量

　　　　　　＝(固定費＋営業利益)÷(販売価格－製品1個当たり変動費)

　　　　　　＝(40,000,000円＋28,000,000円)÷(10,000円－6,000円)

　　　　　　＝17,000個

④ 損益分岐点比率＝(損益分岐点売上高÷予測売上高)×100

　　　　　　＝(10,000個×10,000円)÷(15,000個×10,000円)×100

　　　　　　≒66.7%

⑤　経営レバレッジ係数＝予測貢献利益÷予測営業利益

$$= (4{,}000円 \times 15{,}000個) \div 20{,}000{,}000円$$

$$= 3$$

⑥　売上高5％増のときの営業利益予測額

＝営業利益×（1＋経営レバレッジ係数×5％）

$$= 20{,}000{,}000円 \times (1 + 3 \times 0.05)$$

$$= 23{,}000{,}000円$$

⑦　販売価格を10％値上げしたときの損益分岐点販売量

＝固定費÷（販売価格×1.1－製品1個当たり変動費）

$$= 40{,}000{,}000円 \div (10{,}000円 \times 1.1 - 6{,}000円)$$

$$= 8{,}000個$$

⑧　変動製造費を5％かつ固定製造費を1,840,000円引き下げたときの損益分岐点販売量

$$= (40{,}000{,}000円 - 1{,}840{,}000円) \div (10{,}000円 - 4{,}800円 \times 0.95 - 1{,}200円)$$

$$= 38{,}160{,}000円 \div 4{,}240円 = 9{,}000個$$

|練|習|問|題| 2－2

①　11,000,000円　　②　3,600個

③　製品A：4,000個，製品B：5,000個，製品C：4,250個

④　1,378,000円

（解　説）

①　損益分岐点売上高

　セールス・ミックスの構成割合が一定と仮定した場合のCVP分析においては，最小セットを用いる方法と加重平均値を用いる方法があるが，この解説では加重平均値を用いる方法で説明する。

加重平均販売単価＝（1,000円×3＋1,500円×4＋820円×3）÷（3＋4＋3）

$$= 1{,}146円$$

加重平均貢献利益＝｛（1,000円－783円）×3＋（1,500円－900円）×4

$$+ (820円 - 500円) \times 3\} \div (3 + 4 + 3) = 401.1円$$

売上高貢献利益率＝401.1円÷1,146円＝0.35

損益分岐点売上高＝3,850,000円÷0.35＝11,000,000円

② 963,200円の営業利益があがるときの製品 A の販売量

（3,850,000円＋963,200円）÷401.1円＝12,000個

（12,000個×3）÷（3＋4＋3）＝3,600個

③ 最も営業利益があがるときの製品 A，B，C の販売量

各製品を最大販売可能数まで販売すると，

2時間×4,000個＋3時間×5,000個＋4時間×4,500個＝41,000時間

となり，機械運転時間の上限40,000時間を超えてしまう。そこで，制約となっている機械加工時間1時間当たりの貢献利益が大きい製品から順番に最大販売可能数まで販売していき，累積機械加工時間が機械運転時間上限に達したところで販売中止とすることが，営業利益の最大化には必要である。

機械加工時間1時間当たりの貢献利益は，

製品A：（1,000円－783円）÷2時間＝108.5円

製品B：（1,500円－900円）÷3時間＝200円

製品C：（820円－500円）÷4時間＝80円

となるので，製品B，製品A，製品Cの順番に各製品を最大販売可能数まで割り当てていく。製品Bおよび製品Aをそれぞれ最大販売可能数である5,000個および4,000個まで販売したとしても，機械加工時間合計は，

5,000個×3時間＋4,000個×2時間＝23,000時間

であり，まだ機械運転時間上限に達しない。そこで残りの運転時間分を製品Cの販売に充てることができる。製品Cの1個当たり機械加工時間は4時間であるため，製品Cの販売可能数は，

（40,000時間－23,000時間）÷4時間＝4,250個

となる。

④ 最大の営業利益

営業利益が最大となるこのセールス・ミックスのときの営業利益は，

（1,000円－783円）×4,000個＋（1,500円－900円）×5,000個＋（820円－500円）×4,250個－3,850,000円＝1,378,000円

となる。

練習問題 3-1

① 高低点法 　(イ)　変動費率　196円/時

　　　　　　　(ロ)　固定費額＝11,650円

　　　　　　　(ハ)　補助材料費発生予測額　31,250円

② 回帰分析法　(イ)　変動費率　196.67円/時

　　　　　　　(ロ)　固定費額－12,333.33円

　　　　　　　(ハ)　補助材料費発生予測額　32,000.33円

解　説

　本問題の実績データの散布図は次のようになる。

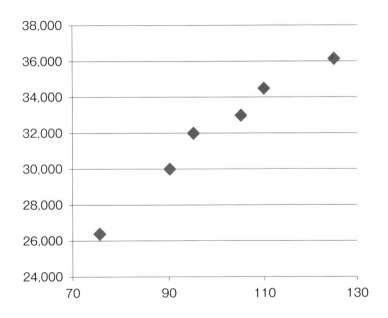

　直接作業時間の増加に伴って，補助材料費がほぼ右上がりに増加しており，極端な外れ値も見られないため，直接材料費と補助材料費との間には，強い正の相関関係がありそうである。

① 高低点法による推定

　直接作業時間の最小値は75時間，最大値は125時間であるから，

(イ)　変動費率＝(36,150円－26,350円)÷(125時間－75時間)＝196円/時

　この変動費率をたとえば75時間の実績データに当てはめることにより，

(ロ)　固定費額＝26,350円－196円/時×75時間＝11,650円

(ハ)　直接作業時間が100時間のときの補助材料費発生予測額

　　196円/時×100時間＋11,650円＝31,250円

② 回帰分析法による推定

　方程式により計算するうえで必要な値をまず算出するために次の表を作成する。

n	x_i	y_i	x_i^2	$x_i y_i$
1 月	95	32,000	9,025	3,040,000
2 月	75	26,350	5,625	1,976,250
3 月	90	30,000	8,100	2,700,000
4 月	105	33,000	11,025	3,465,000
5 月	125	36,150	15,625	4,518,750
6 月	110	34,500	12,100	3,795,000
合計(Σ)	600	192,000	61,500	19,495,000

　正規方程式に上の表の値を入れると，

　6b＋600a＝192,000

　600b＋61,500a＝19,495,000

であり，これを解くと，a＝196.666…，b＝12,333.333… が得られる。したがって，小数点以下第3位を四捨五入すると，a≒196.67，b≒12,333.33となる。

　これらの数値を使って，直接作業時間100時間のときの補助材料費発生予測額を算出すると，

　196.67円/時×100時間＋12,333.33＝32,000.33円 が得られる。

　なお，高低点法による原価直線（点線）と回帰分析法による原価直線（実線）を散布図上に示すと以下の図のようになる。

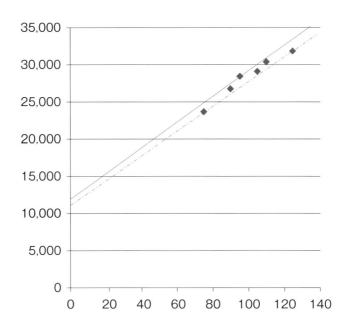

問 1　販売数量差異　　　　　　　1,100,000円（不利差異）

　　　　販売価格差異　　　　　　　1,050,000円（有利差異）

　　　　変動費変動予算差異　　　　1,200,000円（不利差異）

問 2　セールス・ミックス差異　　120,000円（不利差異）

　　　　総販売数量差異　　　　　　 980,000円（不利差異）

問 3　市場総需要量差異　　　　　5,684,000円（不利差異）

　　　　市場占拠率差異　　　　　　4,704,000円（有利差異）

問 4

　貢献利益の実績が予算に比べてだいぶ少ないが，その大きな理由は，卸の販売量が大きく下がったためである。

　変動費の増加を相殺するように価格が改定されており，1個当たりの貢献利益には予算と実績の大きな差はない。ただし，直販については貢献利益が少し下がっている。

　販売数量差異が出た原因は，総販売数量の落ち込みである。とくに卸の販売量の落ち込みを直販で補おうと努力したため，セールス・ミックスも変化

して，それがセールス・ミックス差異となっている。

　総販売数量の落ち込みの主な理由は，市場総需要自体の落ち込みのためである。市場総需要の落ち込みを，市場占拠率をあげてがんばったといえる。

（解　説）

　この差異分析は以下のような構造になっている。

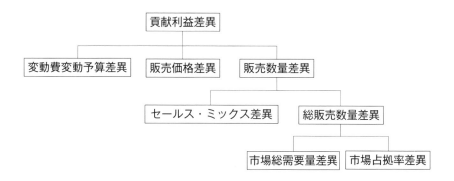

問1

　貢献利益差異を，販売数量差異，販売価格差異，変動費変動予算差異に分解する。

(1)　販売数量差異

　販売ルート別に，予算と実績の販売量の差を出し，それに予算における1個当たり貢献利益をかけて，販売ルート別の差異を合計すればよい。

　　　卸　（9,000個－10,000個）×（3,000円－1,000円）＝△2,000,000円

　　　直販（3,000個－2,500個）×（4,000円－2,200円）＝　　900,000円

　　　合計　　　　　　　　　　　　　　　　　　　　　△1,100,000円（不利差異）

(2)　販売価格差異

　販売ルート別に，予算と実績の販売価格の差を出し，それに実際販売量をかけて，販売ルート別の差異を合計すればよい。

　　　卸　（3,100円－3,000円）×9,000個　＝　900,000円

　　　直販（4,050円－4,000円）×3,000個　＝　150,000円

　　　合計　　　　　　　　　　　　　　1,050,000円（有利差異）

139

(3)　変動費変動予算差異

　販売ルート別に，予算と実績の変動費率の差を出し，それに実際販売量を
かけて，販売ルート別の差異を合計すればよい。

　　　卸　　(1,100円－1,000円)×9,000個　=　　900,000円

　　　直販(2,300円－2,200円)×3,000個　=　　300,000円

　　　合計　　　　　　　　　　　　　　　1,200,000円（不利差異）

　差異の検算：

　　　△1,100,000円（不利差異）+1,050,000円（有利差異）－1,200,000円（不利差異）

　　　=△1,250,000円（不利差異）

（注：利益の差異なので，収益の差異はプラスし，費用の差異はマイナスする）

問2

(1)　セールス・ミックス差異

　販売ルート別に，実際販売量に予算上のセールス・ミックス率を乗じた販
売量と実際販売量の差を出し，それに予算上の1個当たり貢献利益を乗じて，
販売ルート別の差異を合計すればよい。

　実際販売量に予算上のセールス・ミックス率を乗じた販売量は次のように
求められる。

　　　卸　　12,000個×（10,000個÷12,500個）=9,600個

　　　直販　12,000個×（2,500個÷12,500個）　=2,400個

　セールス・ミックス差異は以下のようになる。

　　　卸　　(9,000個－9,600個)×2,000円 =△1,200,000円

　　　直販(3,000個－2,400個)×1,800円 =　1,080,000円

　　　合計　　　　　　　　　　　　　△　120,000円（不利差異）

(2)　総販売数量差異

　実際販売量に予算上のセールス・ミックス率を乗じた販売量と予算販売量
の差に予算上の1個当たり貢献利益を乗じる。

　　　卸　　(9,600個－10,000個)×2,000円 =△800,000円

　　　直販(2,400個－2,500個)×1,800円　=△180,000円

　　　合計　　　　　　　　　　　　　△980,000円（不利差異）

検算：△120,000円（不利差異）+△980,000円（不利差異）

　　　=△1,100,000円（不利差異）

問3

(1)　市場総需要量差異

　総販売数量差異は，市場総需要量差異と市場占拠率差異とに分解される。市場総需要量差異は，現在の市場全体の需要をもとに，予算上の市場占拠率をかけて，実際総需要量にもとづく推定販売量を求め，それと予算販売量との差を計算し，それに1個当たり加重平均貢献利益を乗じて計算する。

　実際市場占拠率と実際総販売量から実際市場需要量を求める。

　　実際総販売量12,000個÷25%=48,000個

　実際市場総需要量が48,000個であるので，それに予算上の市場占拠率20%を乗じると，9,600個となる。これと予算総販売量12,500個の差に加重平均貢献利益を乗じる。加重平均貢献利益は，予算上の1個当たり貢献利益を次のように計算する。24,500,000個÷12,500個=1,960円

　　（48,000個×20%-12,500個）×1,960円=△5,684,000円　（不利差異）

(2)　市場占拠率差異

　市場占拠率差異とは，現在の市場全体の需要をもとに，予算上の市場占拠率を乗じて，実際総需要量にもとづく推定販売量を求め，それと実際販売量との差を計算し，それに1個当たり予算平均貢献利益を乗じて計算する。

　実際市場総需要が48,000個に予算上の市場占拠率20%を乗じた9,600個と実際総販売量12,000個の差に加重平均貢献利益1,960円を乗じる。

　　（12,000個-48,000個×20%）×1,960円=4,704,000円　（有利差異）

　検算：△5,684,000円（不利差異）+4,704,000円（有利差異）

　　　=△980,000円（不利差異）

問4

解答のとおりである。

141

練習問題 5-1

① コ ② ケ ③ オ ④ カ ⑤ イ

⑥ キ ⑦ エ ⑧ ク ⑨ ウ

解 説

以下のような文章になる。

地域別の営業所の責任者に対する業績評価のために販売地域別の分析を行おうとしている。一般的に，責任センターの業績評価には，全部原価計算思考にもとづく**純益法**ではなく，直接原価計算思考にもとづく**貢献利益法**が用いられる。

しかし，営業所長の業績を示すためには，あえて直接原価計算方式ではなく，売上高から売上原価として売上品の**全部製造原価**を差し引く場合もある。**変動製造原価**を差し引くと，営業所長は自分の業績を過大評価するかもしれないからである。また，製造能率は営業所長の業績に関係しないので**標準売上原価**が適している。

営業所の費用には，管理可能なものと管理不能なものがある。標準売上総利益から営業所長にとって**管理可能**な販売費を差し引くと，**営業所長**にとっての貢献利益が計算される。**営業所長**にとっての貢献利益から営業所長にとって**管理不能**な販売費を差し引くと，**営業所**の貢献利益が計算される。

練習問題 6-1

問1 (1) 2個

(2) 1,000円

(3) 500円

(4) 2,500円

問2 500,000円不利

問3 2,000,000円有利

解　説

問 1

　製品 Y は製品 X の半分の時間で製造できる。したがって，同じ時間であれば，製品 Y は製品 X の 2 倍製造することができる。需要は十分にあるので製品 X であれ製品 Y であれフル操業することになる。製品 Y のほうが価格が高くしかも製造時間も短いので，時間当たりの貢献利益は製品 Y のほうが有利である。ただ，今後製品 X の製造は中止するということを前提に考えると，材料 x を 1 個使うのにかかる差額原価は，再調達原価ではなく，機会原価として売却価格を考慮しなければならない。

⑴　製品 Y は製品 X の半分の時間で製造できるので，製品 Y の製造・販売を開始した後に，製品 X 1 個製造した場合には，製品 Y の製造を 2 個分犠牲にすることになる。

⑵　製品 Y の製造を 1 個犠牲にすると，3,000円 − 2,000円 = 1,000円の利益を犠牲にすることになる。

⑶　材料 x を 1 個500円で売却できるので，製品 X を 1 個製造すると，材料使用の機会原価として 1 個当たり500円かかる。

⑷　製品 Y の製造・販売を開始した後に，購入済みの材料 x を使って製品 X を 1 個製造することの機会原価は，製品 Y の差額利益 2 個分と材料使用の機会原価の和である。

　　　1,000円 × 2 個 + 500円 = 2,500円

問 2

　製品 Y の製造・販売を開始した後に，購入済みの材料 x 使って，製品 X を 1 個販売することの差額収益は2,000円で，製品 X を 1 個製造することにより機会原価は2,500円かかるので 1 個当たり500円の差額損失がでる。1,000個製造・販売することは，製品 Y のみを製造・販売することと比べて500円 × 1,000個 = 500,000円不利となる。

問 3

　製品 Y の製造時間を20％短縮できると，生産能力が月間20,000個から25,000個にあがる。それにより，（3,000円 − 2,000円）× 5,000個 = 5,000,000円

の利益が増加する。

　月間300万円を支払って汎用設備にとりつける特殊なアタッチメント（付属品）をレンタルすることにより，500万円の利益増加が見込めるので，アタッチメントをレンタルしない場合と比べて，このアタッチメントをレンタルするほうが，1カ月当たり200万円有利となる。

練習問題 7-1

問1　32.53794百万円
問2　46.97574百万円

（解 説）

問1

　機械Aと機械Bを同時に使用する場合，利益を最大化する方法によって製品を生産するため，機械Aの生産量は3,000個，機械Bの生産量は15,000個となり，貢献利益は120百万円となる。機械Aのみを使用する場合の貢献利益は48百万円であるから，差額の貢献利益は72百万円となる。

　また，この場合，機械Aも継続して使用するため，機械Aのランニング・コスト，減価償却費，および，処分費用は無関連原価となる。

- 差額の貢献利益：72百万円
- 差額のランニング・コスト：12百万円
- 差額の減価償却費：30百万円
- 差額の処分費用：7百万円（20X5年度のみ）
- 20X3年度と20X4年度の差額割引キャッシュ・フロー
  $(0.9346 + 0.8734)[0.6\,(72百万円 - 12百万円) + 0.4 \times 30百万円]$
  $= 86.784百万円$
- 20X5年度の差額割引キャッシュ・フロー
  $0.8163\,[0.6\,(72百万円 - 12百万円 - 7百万円) + 0.4 \times 30百万円]$
  $= 35.75394百万円$

　以上より，NPVは，-90百万円$+ 86.784$百万円$+ 35.75394$百万円$= 32.53794$百万円となる。

問2

　機械Bのみを使用する場合，機械Aのみを使用する場合に対して変動する部分に注目して，差額キャッシュ・フローを求める。

- 差額の貢献利益：57百万円
- 差額のランニング・コスト：2百万円
- 差額の減価償却費：15百万円
- 差額の処分費用：2百万円（20X5年度のみ）
- 機械Aの売却収入：30百万円（20X3年度期首）
- 機械A売却による固定資産売却損：15百万円（20X3年度のみ）
- 20X3年度の差額割引キャッシュ・フロー

　0.9346［0.6（57百万円－2百万円）＋0.4（15百万円＋15百万円）］
　＝42.057百万円

- 20X4年度の差額割引キャッシュ・フロー

　0.8734［0.6（57百万円－2百万円）＋$0.4×15$百万円］＝34.0626百万円

- 20X5年度の差額割引キャッシュ・フロー

　0.8163［0.6（57百万円－2百万円－2百万円）＋$0.4×15$百万円］
　＝30.85614百万円

　以上より，NPVは，－90百万円＋30百万円＋42.057百万円＋34.0626百万円＋30.85614百万円＝46.97574百万円となる。

練習問題 7－2

問1　③

問2　実施すべきではない。

問3　実施すべきである。

解　説

問1

　IRRをrとすると，IRRは以下の式によって求められる。

$$-120百万円 + \frac{52百万円}{(1+r)} + \frac{52百万円}{(1+r)^2} + \frac{46百万円}{(1+r)^3} = 0$$

そして，r＝0.1の場合，NPVは約4.8百万円となり，r＝0.15の場合，NPVは約−5.2百万円となることから，IRRは10％以上15％未満であることがわかる。

問2

　加重平均資本コスト率は13.2％となる。そして，その場合のNPVは約−1.8百万円となるため，この投資案は実施すべきではない。

問3

　販売量が不確実な場合，期待販売量を求めることによって各期のキャッシュ・フローを計算する。なお，期待販売量は9,000個である。したがって，

$$-120百万円 + \frac{58百万円}{(1.132)} + \frac{58百万円}{(1.132)^2} + \frac{52百万円}{(1.132)^3}$$

より，NPVは約12.4百万円となるため，この投資案は実施すべきである。

練習問題 8−1

研究・開発コスト：375万円

• 開発担当者の人件費：300時間×1,500円＝45万円

• 試作品の製作費：30万円

• 調査会社に支払った市場調査費：300万円

生産・構築コスト：350万円

• 新商品の製造原価：5,000個×100円＝50万円

• 新商品の金型代：300万円

運用・支援コスト：306万円

• ポスター代：300万円

• 制作会社に支払ったウェブサイト製作費：5万円

• クーポン代：1万円

退役・廃棄コスト：9万円

• 金型の処分代：10万円

• 金型とポスターや包装用紙の売却額：−1万円

練習問題 8-2

550枚

解説

プリント用紙1,000枚までは，レーザー・プリンタのライフサイクル・コストは固定で，30,000円＋24,000円＝54,000円である。一方，インクジェット用のインクを x セット使う場合，インクジェット・プリンタのライフサイクル・コストは，10,000円＋4,000x 円となる。

10,000＋4,000x＝54,000を満たす x を求めると，x＝11，つまり，インクジェット用のインクを11セット使うとき，各プリンタのライフサイクル・コストが無差別となる。したがって，ライフサイクル・コストが無差別となるのは，プリント用紙を550枚印刷するときである。

練習問題 8-3

A案：1,211百万円　　　B案：1,197百万円

解説

- A案のライフサイクル・コスト（単位：百万円）

$$1,000 + \frac{50}{1.1} + \frac{100 + 70 + 30}{(1.1)^2} \fallingdotseq 1,211$$

- B案のライフサイクル・コスト（単位：百万円）

$$70 + 1,100 + \frac{30}{1.1} + \frac{50 + 30 + 20 - 100}{(1.1)^2} \fallingdotseq 1,197$$

練習問題 9-1

①		②		③	
	1,250		3,600		外部失敗原価

147

予防・評価・失敗アプローチに従って，データを整理すると以下のように
なる。

（単位：万円）

		2019年度	2020年度
品質適合コスト （2,900→1,650）	予防原価 （品質保証教育費）	900	450
	評価原価 （製品出荷前検査費）	2,000	1,200
品質不適合コスト （500→4,100）	内部失敗原価 （仕損費）	400	600
	外部失敗原価 （損害賠償費）	100	3,500

練習問題 9-2

①	850,000	②	672,000	③	816,000	④	638,000

解 説

品質原価計算と差額原価収益分析の融合問題である。

① 評価原価

評価原価の差額は，検査装置のリース料である850,000円となる。

② 内部失敗原価

固定費は検査装置の導入によっても発生額が変動しないため，埋没原価と
なり，差額原価には含めない。仕損品の処分価額を考慮することを忘れない
こと。

　　製品A　1個当たり変動費　　　　　3,300円
　　製品A　仕損品1個当たり処分価額　1,900円
内部失敗原価の差額
　　年間生産数量24,000個×仕損率2％×（3,300円－1,900円）＝672,000円

③ 機会損失の減少

仕損率の減少によって480個分，製造・販売数量が増加する。

製品A　1個当たり貢献利益1,700円/個×480個＝816,000円

④　差額原価収益分析

（672,000円＋816,000円）－850,000円＝638,000円

練習問題 10-1

①	原価企画	②	許容原価（または目標原価）	③	成行原価	④	VE

練習問題 10-2

製品1個当たり原価削減目標額	9円/個

解説

予想競争市価500円/個－所要利益100円/個（＝500円/個×20％）

　＝許容原価400円/個

　目標原価（許容原価）400円/個－成行原価430円/個＝原価削減目標額30円/個

　このうち，生産準備までの源流段階で21円/個が削減可能である。量産段階以降の原価改善による原価削減目標は9円/個となる。

練習問題 11-1

問1

	製品P（120個）	製品Q（50個）	合　計
B商店への売上原価	30,000円	30,450円	60,450円

問2

	製品P（120個）	製品Q（50個）	合　計
B商店への売上原価	33,800円	34,200円	68,000円

解説

問1

　生産はロットごとに行われるので，段取費用は，ロットに含まれる製品（P

149

製品500個，Q製品200個）に配分される。

　製品Pの段取費用＝5,000円÷500個×120個＝1,200円

　製品Qの段取費用＝5,000円÷200個×50個＝1,250円

　包装・出荷費用については，1回の包装・出荷活動は顧客別，製品別に行われるため，P製品120個，Q製品50個に対してそれぞれ1回分の包装・出荷作業が実施されると考えるのが適切である。

(単位：円)

	製品P	製品Q
直接材料費	12,000	12,500
材料取扱	9,600	13,000
段取	1,200	1,250
加工	6,000	2,500
包装・出荷	1,200	1,200
合計	30,000	30,450

問2

　問題文から問1では，P製品500個，Q製品200個について，各1回の段取が行われる状況であることが読み取れた。問2では，B商店に出荷するP製品120個，Q製品50個について，それぞれ1回分の段取費用が集計されることになる。

(単位：円)

	製品P	製品Q
直接材料費	12,000	12,500
材料取扱	9,600	13,000
段取	5,000	5,000
加工	6,000	2,500
包装・出荷	1,200	1,200
合　計	33,800	34,200

・日商簿記検定試験の概要
・商工会議所簿記検定試験出題区分表

※2024年2月現在。最新の情報は日本商工会議所の
ホームページでご確認下さい。

日商簿記検定試験の概要

● 各級のレベルと合格基準

1級：公認会計士，税理士などの国家資格への登竜門。合格すると税理士試験の受験資格が得られる。極めて高度な商業簿記・会計学・工業簿記・原価計算を修得し，会計基準や会社法，財務諸表等規則などの企業会計に関する法規を踏まえて，経営管理や経営分析ができる。

2級：経営管理に役立つ知識として，最も企業に求められる資格の1つ。企業の財務担当者に必須。高度な商業簿記・工業簿記（初歩的な原価計算を含む）を修得し，財務諸表の数字から経営内容を把握できる。

3級：ビジネスパーソンに必須の基礎知識。経理・財務担当以外でも，職種にかかわらず評価する企業が多い。基本的な商業簿記を修得し，経理関連書類の適切な処理や青色申告書類の作成など，初歩的な実務がある程度できる。

初級：簿記の基本用語や複式簿記の仕組みを理解し，業務に利活用することができる。

原価計算初級：原価計算の基本用語や原価と利益の関係を分析・理解し，業務に利活用することができる。

		科　　目	問 題 数	試験時間
1	級	商業簿記・会計学		90分
		工業簿記・原価計算		90分
2	級	商業簿記 工業簿記（初歩的な原価計算を含む）	5題以内	90分
3	級	商業簿記	3題以内	60分
初	級			40分
原価計算初級				40分

● 合格基準

　　各級とも100点満点中，70点以上の得点で合格となります。70点以上得点した人は全員合格となりますが，1級だけは1科目25点満点となっており，1科目でも得点が40％に満たない科目がある場合，不合格となります。

● 受験のしかた

　　統一試験（1〜3級）：試験は例年，6月上旬，11月中旬，2月下旬の日曜日に一斉に行われますが，各商工会議所ごとに受験申込期間が異なります。

　　ネット試験（2級・3級）：インターネットを介して試験の実施から採点，合否判定までを，ネット試験会場で毎日実施。申込みは専用ページ（https://cbt-s.com/examinee/examination/jcci.html）からできます。

ネット試験（初級・原価計算初級）：インターネットを介して試験の実施から採点・合否判定まで行う「ネット試験」で施行。試験日等の詳細は，最寄りの商工会議所ネット試験施行機関にお問い合わせください。

　　団体試験（２級・３級）：企業や教育機関からの申請にもとづき，当該企業の社員・当該教育機関の学生等を対象に施行。具体的な施行人数は，地元の商工会議所にお問い合わせください。

● 受験料

　１級8,800円　　２級5,500円　　３級3,300円　　初級2,200円　　原価計算初級2,200円
　※２級・３級のネット試験については，事務手数料550円が別途かかります。

● 受験に際しての諸注意事項

　　統一試験およびネット試験では，いくつかの注意事項が設けられています。そのため，詳細については受験前に商工会議所の検定ホームページ（http://www.kentei.ne.jp）にてご確認ください。

● 合格発表（１〜３級）

　　統一試験（１〜３級）：合格発表の期日や方法，合格証書の受け渡し方法等は，各地商工会議所（初級は試験施行機関）によって異なります。申し込みの際にご確認ください。

　　ネット試験（２級・３級）：試験終了後に試験システムにより自動採点されて合否が判定されます。合格者はQRコードからデジタル合格証を，ご自身のスマートフォン等にダウンロードすることができます。

● 日商試験の問い合わせ

　　１〜３級の統一試験は各地商工会議所が各々主催という形をとっており，申込期日や実施の有無もそれぞれ若干異なりますので，受験される地区の商工会議所に各自問い合わせてください。さらなる詳細に関しては，検定ホームページ（https://www.kentei.ne.jp）や検定情報ダイヤル（ハローダイヤル）：050-5541-8600（年内無休９：00〜20：00）でご確認ください。

商工会議所簿記検定試験出題区分表

(昭和34年9月1日　　制定)
(令和3年12月10日最終改定)
(令和4年4月1日　　施行)

(注) 1. 特に明示がないかぎり，同一の項目または範囲については，級の上昇に応じて
程度も高くなるものとする。点線は上級に属する関連項目または範囲を特に示
したものである。

2. ※印は，本来的にはそれが表示されている級よりも上級に属する項目または範
囲とするが，当該下級においても簡易な内容のものを出題する趣旨の項目また
は範囲であることを示す。

【工業簿記・原価計算】

2　　　　　級	1　　　　　級
第一　工業簿記の本質 　1．工業経営の特質 　2．工業経営における責任センター 　3．工業簿記の特色 　4．工業簿記と原価計算 　5．原価計算基準 　6．工業簿記の種類 　　ア．完全工業簿記 　　イ．商的工業簿記	
第二　原　価 　1．原価の意義 　　ア．原価の一般概念 　　ウ．原価計算基準の原価 　2．原価の要素，種類，態様 　　ア．材料費，労務費，経費 　　イ．直接費と間接費 　　ウ．製造原価，販売費，一般管理 　　　費，総原価 　　エ．実際原価，予定原価（見積原 　　　価，標準原価） 　　オ．変動費と固定費	イ．支出原価と機会原価

154

2 級	1 級
	カ．管理可能費と管理不能費
キ．製品原価と期間原価	
ク．全部原価と直接（変動）原価	
	ケ．特殊原価概念
3．非原価項目	
第三　原価計算	
1．原価計算の意義と目的	
2．原価計算の種類と形態	
ア．原価計算制度 ························· 特殊原価調査	
イ．製造原価計算，営業費計算， 総原価計算	
ウ．実際原価計算と予定原価計算 （見積原価計算，標準原価計 算）	
エ．個別原価計算と総合原価計算	
オ．全部原価計算と直接原価計算	
3．原価計算の手続	
ア．費目別計算	
イ．部門別計算	
ウ．製品別計算	
4．原価（計算）単位	
5．原価計算期間	
第四　工業簿記の構造	
1．勘定体系	
2．帳簿組織	
3．決算手続	
4．財務諸表	
第五　材料費計算	
1．材料費の分類	
2．材料関係の証ひょうおよび帳簿	
3．購入価額（副費の予定計算を含 む）	
4．消費量の計算	
5．消費単価の計算（予定価格によ る計算を含む）	
6．期末棚卸高の計算 ················· 棚卸減耗費の引当金処理	

2　　　　　級	1　　　　　級
第六　労務費計算 　1．労務費の分類 　2．賃金関係の証ひょうおよび帳簿 　3．作業時間および作業量の計算 　4．消費賃金の計算（予定賃率による計算を含む） 　5．支払賃金，給料の計算	
第七　経費計算 　1．経費の分類 　2．経費関係の証ひょうおよび帳簿 　3．経費の計算 ························	············· 複合費の計算
第八　製造間接費計算 　1．製造間接費の分類 　2．製造間接費関係の証ひょうおよび帳簿 　3．固定予算と変動予算 　4．製造間接費の製品への配賦（予定配賦を含む） 　5．配賦差額の原因分析 　6．配賦差額の処理 　　ア．売上原価加減法	 イ．営業外損益法 ウ．補充率法 エ．繰延法
第九　部門費計算 　1．部門費計算の意義と目的 　2．原価部門の設定 　3．部門個別費と部門共通費 　4．部門費の集計 　5．補助部門費の製造部門への配賦 　　ア．直接配賦法 　　イ．相互配賦法 ·················	 ·········· 純粋の相互配賦法 ウ．階梯式配賦法 エ．複数基準配賦法
オ．実際配賦と予定配賦	

2 級	1 級
第十 個別原価計算 　1．個別原価計算の意義 　2．製造指図書と原価計算表 　3．個別原価計算の方法と記帳 　4．仕損費の計算 　　ア．補修指図書を発行する場合	
	イ．代品の製造指図書を発行する 　　場合 ウ．補修または代品の指図書を発 　　行しない場合
5．仕損費の処理 　　ア．当該指図書に賦課する方法	
	イ．間接費とし，仕損の発生部門 　　に賦課する方法 6．作業屑の処理
第十一 総合原価計算 　1．総合原価計算の意義 　2．総合原価計算の種類 　3．単純総合原価計算の方法と記帳 　4．等級別総合原価計算の方法と記 　　帳 　5．組別総合原価計算の方法と記帳 　6．総合原価計算における完成品総 　　合原価と期末仕掛品原価の計算 　　ア．平均法 　　イ．（修正）先入先出法 ················	 ············ 純粋先入先出法
7．工程別総合原価計算 　　ア．工程別総合原価計算の意義と 　　　目的 　　イ．全原価要素工程別総合原価計 　　　算の方法と記帳（累加法）·······	 ······· （非累加法）
	ウ．加工費工程別総合原価計算の 　　方法と記帳
8．正常仕損費と正常減損費の処理 　　（度外視法）····························	···························· （非度外視法）
	9．異常仕損費と異常減損費の処理 10．副産物の処理と評価

2　　　　級	1　　　　級
	10．連産品の計算
第十二　標準原価計算 　1．標準原価計算の意義と目的 　2．標準原価計算の方法と記帳 　　ア．パーシャル・プラン 　　ウ．シングル・プラン 　3．標準原価差額の原因分析 　4．標準原価差額の会計処理 　　ア．売上原価加減法	 　　イ．修止パーシャル・プラン 　　エ．減損と仕損 　　オ．配合差異と歩留差異 　　イ．営業外損益法 　　ウ．補充率法 　　エ．繰延法 　5．標準の改訂
第十三　原価・営業量・利益関係の分析 　1．損益分岐図表 　2．損益分岐分析の計算方法	 　3．CVPの感度分析 　4．多品種製品のCVP分析 　5．全部原価計算の損益分岐分析
第十四　原価予測の方法 　1．費目別精査法 　2．高低点法	 　3．スキャッター・チャート法 　4．回帰分析法
第十五　直接原価計算 　1．直接原価計算の意義と目的 　2．直接原価計算の方法と記帳 　3．固定費調整	 　4．直接標準原価計算 　5．価格決定と直接原価計算 　6．直接原価計算とリニアー・プロ 　　グラミング 　7．事業部の業績測定

2　　　　級	1　　　　級
第十六　製品の受払い 　1．製品の受入れと記帳 　2．製品の販売と記帳	
第十七　営業費計算 　1．営業費の意義 　2．営業費の分類と記帳	
	3．営業費の分析
第十八　工場会計の独立※	
	第十九　差額原価収益分析 　1．業務的意思決定の分析 　2．構造的意思決定の分析 　ア．資本予算の意義と分類 　イ．設備投資の意思決定モデル 　ウ．設備投資のキャッシュ・フ 　　ロー予測 　エ．資本コストと資本配分
	第二十　戦略の策定と遂行のための原 　　　　　価計算 　1．ライフサイクル・コスティング 　2．品質原価計算 　3．原価企画・原価維持・原価改善 　4．活動基準原価計算

159

付 録

簿記検定試験　1級／原価計算

問題・解答・解説
（1級工業簿記の問題・解答・解説は，上巻に収録しています）

＊　ここには日本商工会議所主催の簿記
検定試験，最近の問題・解答と解説を収
録してあります。なお，この解答例は，
当社編集部で作成したものです。

── 2024年度簿記検定試験施行予定日 ──
　　第166回簿記検定試験　　2024年6月9日〈1〜3級〉
　　第167回簿記検定試験　　2024年11月17日〈1〜3級〉

（制限時間　工業簿記とともに１時間30分）

注：解答はすべて答案用紙に記入して下さい。

問題（25点）

第１問

　次の文章のアからキまでの（　　）の中に適切な言葉をいれなさい。クは，「高」か「低」のいずれか適切な方を○で囲みなさい。

⑴　総合原価計算において完成品換算量とは，完成品と仕掛品の価値の違いを，（　ア　）の違いに置きかえて互いに価値の異なる完成品と仕掛品を統一的に扱うことができるようにするものである。

⑵　製造間接費は（　イ　）とよばれる代理変数によって製品との関係づけを行うことができる。（　イ　）の代表的な例に直接作業時間がある。

⑶　（　ウ　）は，製品量産体制以前の源流管理といえる。すなわち，製品の企画・設計段階における原価の作り込み活動である。

⑷　投資案には独立投資案と従属投資案があるが，（　エ　）投資案の場合には内部利益率法をとっても，（　オ　）法をとっても，採用すべきかどうかは同じ結論になる。

⑸　何％売上高が落ち込んだら損失が生じるかを示す指標を（　カ　）率という。

⑹　固定費に変化がない場合，貢献利益率が40％から50％に上がると，貢献利益率40％の場合に比較して，損益分岐点の売上高は（　キ　）％（　ク　）くなる。

第２問

　当社は製品Xを製造販売している。製品Xの販売単価は700円である。いままで製品Xは，材料xを使用して製造されていた。材料xの単価は，100円である。その歩留まりは50％である。製品Xを100個製造するのに200個の材料xの投入が必要である。なお，材料xを使用した場合，製品Xを10個製造するのに機械作業時間10分を要する。なお，機械は１台だけである。１日の機械稼働可能時間が450分である。

　最近，材料yが開発された。その材料を使用すると，歩留まりは80％に向上する。すなわち製品X100個を製造するのに125個の材料yの投入が必要である。材料yの単価は，200円である。なお，材料yを使用した場合，製品Xを10個製造するの

に機械作業時間 5 分を要する。機械は，材料 x のときと同じ機械を使用することができる。

　製品 X は非常に需要が高く，作れば作るだけ販売することができるので，常に生産能力いっぱいまで使って製造を行っている。これは材料 x を使う場合でも材料 y を使う場合でも同様である。

　なお，税金は考慮する必要はない。

問1　材料 x のみを使用した場合，製品 X は 1 日に何個作ることができるか。

問2　材料 y のみを使用した場合，製品 X は 1 日に何個作ることができるか。

問3　製品 X を製造販売するとき材料 x を使用する場合に比べて，材料 y を使用すると，1 日あたりいくら有利か，あるいは不利か。

問4　1 個100円で購入した材料 x の在庫が大量に残っている。材料 x は，製品 X の製造をしない場合，1 個あたり30円で売却する以外に利用法がない。材料 y が利用可能になってからあとに，材料 x を利用して製品 X100個を製造することの機会原価を計算しなさい。

問5　問 4 の状況で，材料 y が利用可能になってからあとに，在庫されている材料 x を利用して製品 X100個を製造することは，材料 y を利用することに比べて，いくら有利か，あるいは不利か。

〔答案用紙〕

第1問

ア	
イ	
ウ	
エ	
オ	(法)
カ	(率)
キ	(％)
ク	高　　　　　低　　　　（く）

　　 クは高か低のいずれかを○で囲むこと

第2問

問1	個
問2	個
問3	円（　有利　・　不利　）
問4	円
問5	円（　有利　・　不利　）

　　問3・問5は，有利か不利のいずれかを○で囲むこと

解 答

第1問

ア	量　あるいは　数量	
イ	配賦基準	
ウ	原価企画	
エ	独立	
オ	正味現在価値　または　収益性指数	（法）
カ	安全　または　安全余裕	（率）
キ	20	（％）
ク	高　　　　　　　　（低）	（く）

クは高か低のいずれかを○で囲むこと

第2問

問1	450　個		
問2	900　個		
問3	180,000　円　（　有利　・　不利　）		
問4	96,000　円		
問5	26,000円　円　（　有利　・　不利　）		

問3・問5は，有利か不利のいずれかを○で囲むこと

第1問

(1) なにげなく利用している専門用語の本質を正しくとらえられるかどうかという問題である。（　　）内に専門用語をいれなければいけないという先入観があるとむずかしいかもしれない。完成品と仕掛品は、それぞれ単位当たりの価値が異なるので単純に足し算することができない。しかし、完成品換算量という概念を使って、単位あたりの価値が異なる完成品と仕掛品を、仮に同じ価値と仮定して、単価×数量が同じ金額になるように、数量のほうを調整しようとする。すなわち価値の違いを数量の違いに置き換えたものである。

(2) なにげなく利用している専門用語の本質をあらためて問う問題である。配賦基準とは、本来製品と直接的に関連づけることができない製造間接費を代理変数によって製品との関係づけを仮定して、各製品あてに製造間接費を配分するものである。直接作業時間が代表的な例として書かれているので正答にたどりつきやすかっただろう。

(3) どんな管理会計のテキストにも解説されている原価企画について知っているかどうかを問うもので、広く管理会計について勉強していれば問題なく答えられる問題である。

(4) 従属投資案のひとつに相互排他的投資案がある。相互排他的投資案では、正味現在価値法を使わなければならない。独立投資案の場合には正味現在価値法と内部利益率法の結論は一致する。

(5) 安全率または安全余裕率とは何かを知っていれば即答できる。

(6) 一見条件が足りないのではないかと思われるかもしれないが、この条件で十分である。固定費の金額がいくらであっても同じになる。固定費を F とおく。

貢献利益率が40％のときの損益分岐点の売上高は F/0.4＝2.5F と表すことができる。

貢献利益率が50％のときの損益分岐点の売上高は F/0.5＝2F と表すことができる。

貢献利益率が40％から50％に上がると損益分岐点の売上高は2.5Fから2Fに、0.5Fだけ低くなる。0.5Fは、2.5Fの20％であるから、損益分岐点の売上高は20％低くなる。

第2問

問1 材料 x を利用した場合，10個作るのに10分かかるので，450分では，450個作ることができる。

問2 材料 y を利用した場合，10個作るのに5分かかるので，450分では，900個作ることができる。

問3 材料 x を使う場合

収益　700円×450個＝315,000円

原価　100円×（450個÷0.5）＝90,000円

差額利益＝225,000円

材料 y を使う場合

収益　700円×900個＝630,000円

原価　200円×（900個÷0.8）＝225,000円

差額利益＝405,000円

差額利益の差＝405,000円－225,000円＝180,000円

問4 材料 x を使って製品 X を100個製造する時間で，材料 y を使う場合，製品 X は，200個製造できる。その場合，$200個 \times \left(700円 - 200円 \times \dfrac{1}{0.8} \right) = 90,000円$の差額利益を犠牲にすることになる。なお，材料 x を使って製品 X を100個製造すると材料 x を200個消費するので，30円×200個＝6,000円の材料 x 売却益を犠牲にすることになる。したがって材料 y が利用可能になってからあとに，材料 x を利用して製品 X100個を製造することの機会原価は，96,000円となる。

問5 材料 x を利用して製品 X100個を製造すると，（700円－0円）×100個＝70,000円の差額利益が生じる。それに対して，材料 x を利用して製品 X100個を製造することの機会原価は96,000円なので，70,000円－96,000円＝－26,000円となり，材料 x を使うほうが26,000円不利になる。

材料 x はすでに購入済なので，材料 x の消費にかかわる差額原価は生じないことに注意。

第 164 回 （2023年6月11日施行）

（制限時間　工業簿記とともに1時間30分）
注：解答はすべて答案用紙に記入して下さい。

問題（25点）

第1問

次の文章について，その内容が正しいものの番号をすべて選びなさい。

① 通常の原価計算制度では，原価を費目別，部門別，製品別に把握する。品質原価計算は，品質保証活動費ないし製品品質関係費を把握しようとするものであるから，通常の原価計算制度から得られる原価情報では不十分である。

② 品質原価計算では，品質保証活動費を予防原価，評価原価，内部失敗原価および外部失敗原価に分けて把握する。外部失敗原価には，たとえばリコール費用や仕損費が含まれる。

③ 品質原価計算は，顧客の要求品質と設計仕様とのずれを問題とする設計品質に焦点を当てた原価計算である。

④ ライフサイクル・コスティングでは，企業内で発生する原価のみならず，製品やシステムのライフサイクル全体で発生する原価を計算対象とすることから，企業外部で発生する原価も包含されるように変化している。

⑤ ライフサイクル・コストとは，製品やシステムの企画開発から廃棄処分されるまでの生涯にわたってかかるコストである。ライフサイクル・コスティングでは，研究・開発コスト，生産・構築コスト，運用・支援コスト，廃棄コストとライフサイクルの各段階に分けて原価を把握する。各段階で発生するコストの間には，トレード・オフの関係はない。

第2問

当社は量産品を製造・販売している。原価計算の方法としては、総合原価計算を採用している。次の［資料］にもとづき、下記の問に答えなさい。

［資料］

1. 生産データ

月初仕掛品	100kg	(50%)
当 月 投 入	4,400kg	
合 計	4,500kg	
正 常 仕 損	60kg	(20%)
異 常 仕 損	40kg	(80%)
月 末 仕 掛 品	100kg	(50%)
完 成 品	4,300kg	

注：

① 原料は工程の始点で投入される。（　）内は加工費進捗度を意味する。

② 正常仕損および異常仕損は（　）内に示された加工費進捗度の点で発生した。

③ 仕損はすべて当月着手分から生じたと仮定する。

2. 原価データ

月初仕掛品原価	14,400円
当月製造費用	
原料費	352,000円
加工費	260,640円
合計	627,040円

注：

⑴ 正常仕損費は良品を製造するための原価であるから、異常仕損品は正常仕損費を負担すべきでないという考え方もあるが、本問では仕損の発生ポイント（加工費進捗度）によって正常仕損費等の負担を考えること。

⑵ 正常仕損品と異常仕損品は材料として再利用することはできない。いずれも廃棄する。廃棄費用は仕損費として処理する。正常仕損品の廃棄費用は556円、異常仕損品の廃棄費用は324円である。

⑶ 完成品と月末仕掛品への原価の配分は先入先出法を採用している。

3. 販売データ

　　当月販売量　4,300kg,　販売単価　230円/kg

　注：

　　⑴　月初製品は200kg,　月初製品原価は27,720円である。

　　⑵　製品の払出単価は平均法を採用している。

問1　当月の正常仕損費と異常仕損費はそれぞれいくらか。

問2　当月の異常仕損品は機械の整備不良による故障が原因だとすると，異常仕損費はどのように会計処理すべきか。①から④の選択肢から最も適切な番号を1つ選び，それを選んだ理由を40文字以内で述べなさい。

　　①　正常仕損費と同様に当月の製品原価とする

　　②　一般管理費とする

　　③　営業外費用とする

　　④　特別損失とする

問3　当月の完成品原価と月末仕掛品原価はそれぞれいくらか。仕損費を考慮したあとの金額を解答すること。

問4　当月の売上総利益はいくらか。

〔答案用紙〕

第1問

正しいものの番号	

第2問

問1　正常仕損費　（　　　　　　　　　）円

　　　異常仕損費　（　　　　　　　　　）円

問2　選択した番号　（　　　　　　　）

　　　選んだ理由

問3　完成品原価　　（　　　　　　　　　）円

　　　月末仕掛品原価（　　　　　　　　　）円

問4　売上総利益　　（　　　　　　　　　）円

第1問

正しいものの番号	①　④

第2問

問1　正常仕損費　（　　　　6,076　　　）円

　　　異常仕損費　（　　　　5,500　　　）円

問2　選択した番号　（　　　③　　　）

　　　選んだ理由

異	常	仕	損	費	は	非	原	価	で
あ	り	、	機	械	を	適	切	に	保
守	す	れ	ば	そ	の	発	生	は	回
避	可	能	だ	か	ら	。			

問3　完成品原価　　（　　611,280　　）円

　　　月末仕掛品原価（　　11,140　　）円

問4　売上総利益　　（　　378,400　　）円

第1問

① 品質原価計算は，品質保証活動費ないし製品品質関係費を把握しようとするものであるから，通常の原価計算制度から得られる原価情報では十分とは言えず，特殊原価調査が必要となる。

② 仕損費は内部失敗原価であるから，この文章の内容は正しくない。

③ 品質原価計算は，製品が設計仕様または製造仕様に合致しているか，つまり適合性品質に焦点を当てているから，この文章の内容は正しくない。

④ この文章の内容は正しい。

⑤ ライフサイクルの各段階で発生するコストの間にはトレード・オフの関係があるから，この文章の内容は正しくない。

第2問

問1

当月着手完成品　原料費4,300kg－100kg＝4,200kg

加工費4,300kg－（100kg×50％）＝4,250kg

当月着手原料費単価　352,000円／（4,200kg＋60kg＋40kg＋100kg）＝80円/kg

当月着手加工費単価　260,640円／（4,250kg＋60kg×20％＋40kg×80％＋100kg×50％）

＝60円/kg

・仕損はすべて当月着手分から生じたと仮定しているから，

正常仕損費　80円/kg×60kg＋60円/kg×（60kg×20％）＋556円＝6,076円

正常仕損費の異常仕損品への配賦額

6,076円／（4,200kg＋40kg＋100kg）＝1.4円/kg

よって1.4円/kg×40kg＝56円

異常仕損費　80円/kg×40kg＋60円/kg×（40kg×80％）＋324円＋56円＝5,500円

問2　異常な状態を原因とする価値の減少である異常仕損費は，期間損益計算上，非原価であるから，営業外費用あるいは特別損失として会計処理する。ここで選択肢が③と④になるが，異常仕損品は整備不良による機械の故障が原因だとされていることから，異常仕損費は適切な整備を行っていれば回避できたと考えられる。そのため③が正解である。

問3

完成品原価

14,400円＋80円/kg×4,200kg＋60円/kg×4,250kg＋1.4円/kg×4,200kg＝611,280円

月末仕掛品原価

80円/kg×100kg＋60円/kg×（100kg×50％）＋1.4円/kg×100kg＝11,140円

問4

売上高230円/kg×4,300kg−売上原価(27,720円＋611,280円)/(200kg＋4,300kg)×4,300kg＝売上総利益378,400円

(制限時間　工業簿記とともに1時間30分)
注：解答はすべて答案用紙に記入して下さい。

問題（25点）

　以下の問題文を読んで下記の**問**に答えなさい。

　当社は，2024年度に向けて，2023年度末に新しい自動設備（以下新設備という）の導入を計画している。新設備の取得原価は，20,000,000円。耐用年数は4年，4年後の残存価額は0円である。経済的耐用年数と法定耐用年数は等しいものとする。新設備は今までより高品質の製品の製造が可能であり，より高い価格での販売が見込まれる。それにより年々8,000,000円のキャッシュ・インフロー増が見込まれるが，他方現金支出原価が年々2,000,000円増加すると見込まれている。現金支出原価の増加は，会計上の費用の増加であるとともに，キャッシュ・アウトフローの増加でもある。

　新設備の導入により，今まで使用していた設備（以下旧設備とよぶ）を売却することにした。旧設備の売却価額は9,000,000円である。旧設備の取得原価は18,000,000円で予定残存価額は0円，耐用年数は6年で，2023年度末で2年間使用したことになり2年分の減価償却累計額がある。なお，減価償却の方法は旧設備も新設備も定額法である。新設備も旧設備も耐用年数に達したときには，売却価値はないものとする。

　法人税等の実効税率は30％で，当社は黒字企業であるとする。

　なお，簡単化のためキャッシュ・フローについては以下のような仮定を設ける。キャッシュ・フローは年度末（＝次年度はじめ）にまとめて生じると仮定する。その年度の利益にたいする法人税等の支払いは，次年度はじめ（＝当該年度末）に支払われるものと仮定する。会計上の利益の認識でいえば年度末に生じる費用は，その年度に帰属する損益に含まれ，次年度の利益とは明確に区別されるが，キャッシュ・フローの生じる時点としては，年度末と，次年度のはじめとは同じである。（ようするに，年度末に行う旧設備の売却による損益は，その年度の損益になり，その年度の税金に影響を与えるが，その税金の支払いは，次年度はじめ＝当年度末におこるということである。）

　加重平均資本コスト率は5％である。

　なお，割引率5％のときの現価係数は以下のとおりとする。

現在価値を計算するさいには以下の現価係数（近似値）を利用すること。

　　1 年　　0.952381
　　2 年　　0.907029
　　3 年　　0.863838
　　4 年　　0.822702

年利 5 ％の場合の終価係数は以下のとおりとする。

終価を計算する場合には，上記の現価係数（近似値）の逆数を計算するのではなく，以下の終価係数を使うこと。

　　1 年　　1.05
　　2 年　　1.1025
　　3 年　　1.157625

問

　以上の条件のもと，以下の文章の（　ア　）から（　チ　）に適切な数字を，（　a　）から（　d　）に適切な単語をいれなさい。金額をいれるさいには，万円や千円を使わず 1 円単位で書くこと。なお，計算の途中では小数点以下の四捨五入は行わず，可能な限り正確に計算し，最終解答で 1 円未満の端数が出る場合には，小数点以下を四捨五入して，1 円単位で解答すること。

　キャッシュ・フローの金額を解答するさいに，キャッシュ・インフロー，キャッシュ・アウトフローと明示されておらず単にキャッシュ・フローと書いてある場合には，インフローとなる場合は数字のみ，アウト・フローとなる場合には，数字の先頭に△を付すこと。

　意思決定には（　a　）的意思決定と設備投資の意思決定がある。設備投資の意思決定では，理論的には貨幣の時間価値を考慮する必要がある。（　a　）的意思決定の場合は，差額原価と差額収益が重要であるが，設備投資の意思決定においては，差額のキャッシュ・フローを考える必要がある。本問題の条件の場合，取替投資なので，新設備に取り替えず旧設備を使い続ける場合と比較して，旧設備を売却して新設備を導入するという案を採用した場合に異なってくるキャッシュ・フローを差額キャッシュ・フローとして考えるものとする。

　本問題において，2023 年度末時点の差額キャッシュ・フローの合計はいくらになるであろうか。まず，新設備の購入のために（　ア　）円のキャッシュ・フローがある。さらに旧設備を売却するので，旧設備の売却によるキャッシュ・フロー（　イ　）円が存在する。さらに忘れてはいけないのは，旧設備の簿価と売却価格の差（　ウ　）円が売却損となり，それに関する節税額が（　エ　）円生じることである。そうすると，2023 年度末時点の正味の差額キャッシュ・フローの合計は（　オ　）円となる。

次に，年々のキャッシュ・フロー１年分を考える。減価償却費による節税額のことを一切考えずに税引後の正味差額キャッシュ・フローを計算すると，（　カ　）円となる。それに，新設備の減価償却費による節税額が（　キ　）円ある。さらに忘れてはならないのは，旧設備を売却してしまうので，旧設備の減価償却費に基づく節税額が享受できなくなることである。すなわち，差額キャッシュ・フロー△（　ク　）円として考慮しなければならない。以上３つのことを合わせて考えると，旧設備を使い続ける場合と比較した場合の，新設備に取り替える案の2024年度末から2027年度末までの年々の正味差額キャッシュ・フローの１年分は，（　ケ　）円である。耐用年数に達したさいのキャッシュ・フローは，新設備も旧設備も存在しないのでプロジェクト終了時の差額キャッシュ・フローは０円である。そうすると，この設備取替というプロジェクトの開始時の正味差額キャッシュ・フローと年々の正味差額キャッシュ・フローを考慮して計算したプロジェクトの正味現在価値は，（　コ　）円となる。

　正味現在価値法には再投資の仮定がある。もし，2024年度末，2025年度末，2026年度末の正味差額キャッシュ・フローを再投資せず，金庫にいれておくとすると，2027年度末にまとめて（　サ　）円の正味差額キャッシュ・フローがあるのと同じである。それを現在価値に割り引くと，（　シ　）円となり，その正味現在価値は（　ス　）円となる。（　ス　）円と先に計算した（　コ　）円の差はどうして生じたかというと，正味現在価値法の暗黙の仮定では，2024年度末，2025年度末，2026年度末の正味の差額キャッシュ・フローを金庫にいれることを仮定するのではなく，（　b　）率で再投資すると仮定しているからである。2024年度末，2025年度末，2026年度末の正味差額キャッシュ・フローを明示的に（　b　）率で再投資した場合，2024年度末から2027年度末までの差額キャッシュ・フローの2027年度末における終価の合計は（　セ　）円となる。（　セ　）円を2023年度末時点の現在価値に割り引くと（　ソ　）円となる。それをもとに正味現在価値を計算すると（　タ　）円となり，最初に求めた正味現在価値の（　コ　）円とほぼ一致する。完全に一致しないのは，使用している現価係数の誤差によるものである。これにより，正味現在価値法では（　b　）率で再投資されることが確認できる。ちなみに，正味現在価値法以外の貨幣の時間価値を考慮する方法の１つである（　c　）率法では，（　c　）率で再投資されると仮定されている。

　以上，貨幣の時間価値を考慮する方法を前提にしてきたが，実務的には貨幣の時間価値を考慮しない方法も多く使われている。たとえば，（　d　）法は，初期投資額を何年で回収できるかでプロジェクトの優劣を評価する方法である。プロジェクト開始時の正味差額キャッシュ・アウトフローが20,000,000円で，年々の差額キャッシュ・インフローが5,000,000円であるとき，（　d　）は，（　チ　）年である。（　d　）法では，貨幣の時間価値を考慮していない点と，（　d　）経過後の

キャッシュ・フローが考慮されない点が欠点であるといわれる。しかし，（　　d　　）法は，もともと将来のキャッシュ・フローは先になればなるほど不確実性が高いことを踏まえ，プロジェクトの安全性を考慮できること，計算が簡単でわかりやすいことから実務上好まれる。

〔答案用紙〕

問

ア	(円)
イ	(円)
ウ	(円)
エ	(円)
オ	(円)
カ	(円)
キ	(円)
ク	(△)　　　　　　　(円)
ケ	(円)
コ	(円)
サ	(円)
シ	(円)
ス	(円)
セ	(円)
ソ	(円)
タ	(円)
チ	(年)

a	
b	
c	
d	

179

問

ア	△20,000,000	（円）
イ	9,000,000	（円）
ウ	3,000,000	（円）
エ	900,000	（円）
オ	△10,100,000	（円）
カ	4,200,000	（円）
キ	1,500,000	（円）
ク	（△）　900,000	（円）
ケ	4,800,000	（円）
コ	6,920,560	（円）
サ	19,200,000	（円）
シ	15,795,878	（円）
ス	5,695,878	（円）
セ	20,688,600	（円）
ソ	17,020,553	（円）
タ	6,920,553	（円）
チ	4	（年）

a	業務（業務執行）
b	（加重平均）資本コスト
c	内部利益（内部収益）
d	回収期間

解 説

問

ア　新設備の購入額　20,000,000円　キャッシュ・アウトフローなので△20,000,000円

イ　旧設備の売却額　9,000,000円　キャッシュ・インフローなので△はつかない。

ウ　売却損＝簿価－売却価額＝12,000,000円－9,000,000円＝3,000,000円

エ　売却損の節税額　3,000,000円×0.3＝900,000円

オ　ア，イ，エより　△20,000,000円＋9,000,000円＋900,000円＝△10,100,000円

カ　節税額を考慮しない税引後の年々のキャッシュ・フロー
　　＝（8,000,000円－2,000,000円）×（1－0.3）＝4,200,000円　プラスである。

キ　新設備の減価償却費による節税額　20,000,000円÷4年×0.3＝1,500,000円
　　節税額なのでプラスである。

ク　旧設備の減価償却費による節税額　18,000,000円÷6×0.3＝900,000円
　　取替を行った場合，この900,000円の節税額を受けることができなくなるので
　　マイナスとなる。　→　△900,000円

ケ　カ，キ，クより，4,200,000円＋1,500,000円＋△900,000円＝4,800,000円

コ　年金現価係数は，1年から4年の現価係数の合計で求められる。
　　0.952381＋0.907029＋0.863838＋0.822702＝3.54595
　　年々のキャッシュ・フローの現在価値合計＝4,800,000円×3.54595＝17,020,560円
　　正味現在価値＝17,020,560円－10,100,000円＝6,920,560円

サ　4,800,000円×4年分＝19,200,000円

シ　19,200,000円×0.822702＝15,795,878.4≒15,795,878円

ス　15,795,878円－10,100,000円＝5,695,878円

セ　4,800,000円×（1.157625＋1.1025＋1.05＋1）＝4,800,000円×4.310125＝20,688,600円
　　2027年度末の4,800,000円の終価は，4,800,000円である。

ソ　20,688,600円×0.822702＝17,020,552.5972≒17,020,553

タ　17,020,553－10,100,000円＝6,920,553円

チ　20,000,000円÷5,000,000円＝4年

a　設備投資の意思決定と対になるのは業務的意思決定あるいは業務執行的意思
　　決定である。「的」が問題文に入っているのでつけないよう注意が必要である。

b　正味現在価値法では，回収されたキャッシュは（加重平均）資本コスト率で
　　運用されると仮定されている。

c　「（　c　）率法では，（　c　）率で再投資されると仮定されている。」の2
　　つの（　　）に同じ言葉が入ることから容易に内部利益または内部収益という
　　正答に辿り着く。

d　本文の説明から（単純）回収期間法のことを言っていることが容易にわかる。

181

〈編著者紹介〉

岡本　　清（おかもと　きよし）

昭和29年　一橋大学商学部卒業，35年　同大学大学院商学研究科博士課程修了。昭和36年　一橋大学商学部専任講師，その後助教授，45年教授を経て，一橋大学名誉教授。平成 5 年　東京国際大学教授。平成12〜14年　東京国際大学学長。平成14年　東京国際大学名誉教授。一橋大学商学博士。
著書に「原価計算〈六訂版〉」（国元書房），「管理会計の基礎知識」〔編著〕（中央経済社），「管理会計〔第 2 版〕」〔共著〕（中央経済社）ほかがある。

廣本　敏郎（ひろもと　としろう）

昭和51年　一橋大学商学部卒業，56年　同大学大学院商学研究科博士課程単位修得，56年　一橋大学専任講師（商学部），その後助教授を経て，平成 5 年　一橋大学教授，平成27年　一橋大学名誉教授。一橋大学博士（商学）。令和元年　日本管理会計学会特別賞。
著書に「原価計算論〔第 3 版〕」〔共著〕（中央経済社），「米国管理会計論発達史」（森山書店），「新版工業簿記の基礎」（税務経理協会），「管理会計〔第 2 版〕」〔共著〕（中央経済社），「ガイダンス企業会計入門〔第 4 版〕」〔共編著〕（白桃書房），「日本の管理会計研究」〔共編著〕（中央経済社）がある。

検定簿記講義／ 1 級工業簿記・原価計算 下巻〔2024年度版〕

1956年 5 月20日	初版発行
1965年 3 月15日	昭和40年版発行
1974年 3 月25日	新検定（昭和49年）版発行
1984年 3 月15日	検定（昭和59年）版発行
1998年 4 月 1 日	新検定（平成10年）版発行
2013年 4 月20日	検定（平成25年度・下巻）版発行
2016年 4 月 5 日	検定（平成28年度・下巻）版発行
2017年 4 月20日	検定（平成29年度・下巻）版発行
2018年 4 月30日	検定（平成30年度・下巻）版発行
2019年 4 月20日	検定（2019年度・下巻）版発行
2020年 4 月15日	検定（2020年度・下巻）版発行
2021年 4 月30日	検定（2021年度・下巻）版発行
2022年 4 月30日	検定（2022年度・下巻）版発行
2023年 4 月15日	検定（2023年度・下巻）版発行
2024年 4 月20日	検定（2024年度・下巻）版発行

編著者　　岡　本　　　清
　　　　　廣　本　敏　郎
発行者　　山　本　　　継
発行所　　㈱中央経済社
発売元　　㈱中央経済グループ
　　　　　パブリッシング

〒101-0051　東京都千代田区神田神保町1-35
電話 03（3293）3371（編集代表）
　　 03（3293）3381（営業代表）
https://www.chuokeizai.co.jp
印刷／昭和情報プロセス㈱
製本／誠　製　本㈱

© 2024
Printed in Japan

■本書に関する情報は当社ホームページをご覧ください。
＊頁の「欠落」や「順序違い」などがありましたらお取り替えいたしますので発売元までご送付ください。（送料小社負担）
ISBN978-4-502-49941-8　C2334

日商簿記検定試験　完全対応

最新の出題傾向に沿って厳選された練習問題を多数収録

大幅リニューアルでパワーアップ！

検定 簿記ワークブック

◆1級～3級／全7巻

■問題編〔解答欄付〕　■解答編〔取りはずし式〕

◇日商簿記検定試験合格への最も定番の全7巻シリーズ。最近の出題傾向を踏まえた問題構成と，実際の試験形式による「総合問題」で実力を養う。

◇「問題編」には直接書き込める解答欄を設け，「解答編」は学習に便利な取りはずし式で解説が付いている。

◇姉妹書「検定簿記講義」の学習内容と連動しており，検定試験突破に向けて最適の問題集。

1級　**商業簿記・会計学** 上巻／下巻
渡部裕亘・片山　覚・北村敬子［編著］

工業簿記・原価計算 上巻／下巻
岡本　清・廣本敏郎［編著］

2級　**商業簿記**　渡部裕亘・片山　覚・北村敬子［編著］

工業簿記　岡本　清・廣本敏郎［編著］

3級　**商業簿記**　渡部裕亘・片山　覚・北村敬子［編著］

中央経済社